前 言

幼稚園生變小學生，
殊不簡單！

　　子女的教育，等同健康一樣，是家長們頭號重視的問題。因此許多家長由子女踏進幼稚園的一刻，已不斷搜集小一升學的資料，不停去學校開放日，不停去報讀興趣班，以及不斷參加各類型的比賽，為的，都是成功考入心儀學校，為往後十多年的求學之路打好基礎。

　　不過，亦因此讓無數家長陷入自我困局，舉例為求考入名校，有家長特意花數百萬元甚至千萬元購買學校附近屋苑大樓，務求身處相同校網增加派位機率；另亦有家長為結識心儀學校的畢業生或校長老師，不惜工本報讀畢業生的補習中心，或是送禮捐贈予學校等行為，藉着人脈關係被校方取錄。但其實最終離不開以「家長自己的角度」來替子女選校。

　　事實證明，家長為子女的種種安排未必百分百正確，尤其現今已踏進人工智能時代，子女在完成大學畢業的十多年後，社會狀況還會跟現在一樣嗎？因此，不少教育專家和校長均指出，家長應該先了解子女的能力、潛能，從而尋找真正「符合」子女的學校，方可盡展其優點，未來前途同樣光明。試想若子女有六年時間都在不喜歡的學校裏學習，那不僅是浪費時間，對子女更可能造成嚴重的打擊，縱是天才，或許最終都會殞落。

　　奉勸各位家長，子女由幼稚園生轉為小學生，適應過程比小學升中學來得艱難，殊不簡單！故此挑選真正「合適」子女，而非「合適」家長心意的學校，方為子女未來鋪路的正確思維。

25/26小一入學家長天書

出　　　　版：星島日報出版有限公司
編　　　　採：《星島日報》特刊組
美　　　　術：Alan Luk、Bethany Chan
圖　　　　片：星島圖片庫、受訪者及各學校提供
廣告部熱線：3181 3000
地　　　　址：新界將軍澳工業邨駿昌街七號星島新聞集團大廈
印　　　　刷：JJ Printing Ltd
出 版 日 期：二〇二四年五月

- 全港十八區官津小學收生資料」內容參考教育局「小學概覽」網頁、教育局「統一派位各小一學校網選校名冊」，以及《星島日報》特刊組於3月份向全港小學發出的問卷調查。
- 所有資料以搜集時為基準，已求力精準，讀者在選校時宜向學校查詢詳情。

ISBN：978-962-348-547-0

Contents 目錄

聖公會聖約翰曾肇添小學

聖公會聖約翰曾肇添小學
S.K.H. St. John's Tsang Shiu Tim Primary School

sTrive for excellence 追求卓越
cultIvate virtues 培育美德
stiMulate creativity 啟發創意

添知識．添活力．添善行．添創意

聖公會聖約翰曾肇添小學於1969年創立，2019年由坪石邨遷往觀塘安達邨，並獲「曾肇添慈善基金」冠名贊助開辦費用。校舍佔地6400平方米，校舍設計獲綠建環評金獎

設備先進完善

★光纖到課室 ★全校Wi-Fi覆蓋 ★所有課室設互動觸控電子顯示屏★圖書館設自動借書系統 ★天台安裝了230塊太陽能光伏板，參加上網電價計劃，售電所得全用作成立獎學金及學校發展之用

添知識

★課堂以小班教學、合作學習為主要教學模式
★重視提升學生兩文三語的能力
★小二至小六設普教中班
★資優教育普及化
★致力營造閱讀風氣
★設導修課、課後託管

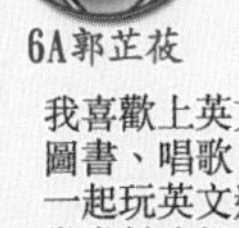

6A郭芷莜

我好開心考到第1名，同時榮獲「傑出學生獎」。學校的學習環境真好，有設備完善的圖書館，上課時我們常常使用電子工具，老師給我們思考和小組討論的機會。校長常常教導我們要勤學，我會繼續努力希望可以升讀到心儀的中學。

1D陳柏宇

我喜歡上英文課，外籍英文老師和英文老師帶着我們看圖書、唱歌、玩遊戲，好開心。我最喜歡和老師、同學一起玩英文遊戲。高年級的大哥哥大姐姐小息和大息時常常幫我們學英文，我要多謝4C班的兩位大哥哥。

添活力

★推行「一人一體藝」
★開設的課外活動共70多項，涵蓋語文、數學、STEAM、體育、音樂、藝術各範疇
★鼓勵學生參與校內、校外比賽，近年游泳、田徑、STEAM學生比賽表現尤為突出
★設活動後第二輪校車
★老師帶領學生走出課室，實地考察
★安排國內及境外交流和遊學活動

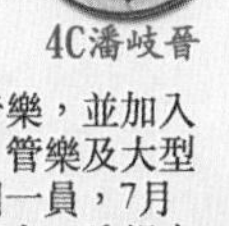

4C潘岐晉

我是田徑隊、手球隊、足球隊的成員，今年在學界田徑賽事中取得2金的成績，我們男子丙組亦獲得團體冠軍，並有幸代表區隊出賽。學校給我們很多發揮的機會，讓我們眼界大開。

5A施梓恩

學校安排了多元化的課外活動。我喜歡音樂，並加入了學校的管弦樂團。樂團訓練是免費的，管樂及大型樂器也可向學校借用。我慶幸能成為樂團一員，7月份學校將有才藝匯演，我們都正努力準備中，希望有好的表現。

添善行

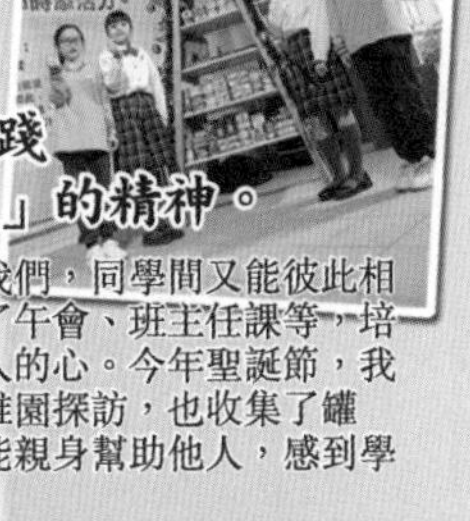

★推行基督化的全人教育
★推行體驗式生命教育課程
★推行環保教育
★推行「一人一職」計劃，實踐校訓「非以役人，乃役於人」的精神。

5A董悅雅

感謝老師悉心愛護及關心我們，同學間又能彼此相愛互勉。學校為我們安排了午會、班主任課等，培育我們要有仁愛及服務他人的心。今年聖誕節，我們全級五年級到了多間幼稚園探訪，也收集了罐頭，送贈有需要的人。我能親身幫助他人，感到學校生活別具意義。

添創意

★重視STEAM教育
★課程涵蓋資訊科技、計算思維和編程教育
★學生有機會接觸 Micro : bit、3D立體打印、無人機、機械人、VR、AR、AI等最新科技
★提供豐富多樣的探究式學習體驗

6B梁証翀

我是STEAM校隊成員，由四年級開始參加學校的培訓和代表學校參與不同賽事。今年在香港賽區的機械人相撲比賽中獲得冠軍後，有機會到泰國參加亞太區賽事，贏得一亞一季的獎項。十分感謝學校全數資助我們到泰國出賽，讓我有機會和其他國家的隊員交流和學習，豐富我的閱歷。我立志到中學後也要在STEAM方面一展所長。

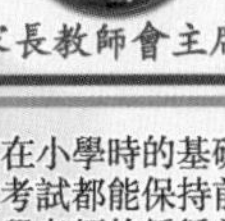

由舊校遷至新校我有幸參與其中，學校重視家校合作，校長、老師們付出努力為學生提供優質學習環境和培育發展個人潛能。在老師的悉心栽培下，令女兒蛻變成有自信的女孩，有勇氣面對各種挑戰—這是家長最希望見到子女成長的力量。

洪美蓮女士(前任家長教師會主席)

柯穎儀校友

中學的生活有別於小學，更加忙碌，幸好在小學時的基礎扎實，令我在中學學習不會太吃力。每次考試都能保持前十名，令我有更多時間參與課外活動。小學老師的循循善誘及經常推薦我參加比賽，提升了我的自信。在最近一次的中學辯論比賽中，更榮幸取得最佳辯論員的佳績。小學六年轉瞬即逝，這六年美好的時光也深深地烙印在我的腦海中，「學如逆水行舟，不進則退」。這母校教給我的名言，我會銘記在心，堅定我未來的去向。

地址：九龍觀塘安達邨安翠街11號
電話：2322 6125
傳真：2353 0863
電郵：info@skhsjtst.edu.hk
學校網址：

Contents 目錄

家長為幼兒選擇合適小學，定必絞盡腦汁，其中首先考慮的因素，離不開應該選擇官津小學，或是直資、私立學校。

傳統名校必定出狀元？
直資學校前景勝人一籌？
教育專家拆解選校迷思

教育專家 趙榮德

兩者究竟有何分別？坊間解釋有官津功課和考試較多、直資私立都是happy school；官津小學資源較少、直資私立學校資源豐富；當然還有小班教學、可以考IB等無數「答案」。但教育專家、前名校副校長趙榮德表示，其實選校在於「合適」這兩個關鍵字，意思就是應該按子女的能力來選擇。

「很多家長都受到坊間的資訊影響，將焦點集中在如何考入名校，但卻忽略了子女的能力和興趣。其實要知道名校並非甚麼成功的保證，否則每年都會出狀元了，對嗎？因此，家長先按了解子女的能力和個性來選校，例如天性比較好動，或者早已見到有運動天份，

便可選擇着重體育的學校；若比較擅長數理，則可以選擇在投放創科科學資源多的學校。」

傳統名校着重學生潛能

趙sir續稱，傳統名校一般較着重啟發學生的潛力，催谷學業成績反而較少，優勢是學校歷史悠久，學生凝聚力強，故此很多師兄師姐都樂於回校教導師弟師妹，在職場上也有機會遇到師兄師姐。至於津校教學資源不遜於直資或私立，特別是教會或慈善團體屬下學校有可能獲得更豐富資源。直資、私立及國際學校的特色是教學內容有一定自主性，每班人數較少，相對老師能夠有多點時間照顧學生。因此，家長在選校時先判斷子女的學習能力和思考模式。「有些小朋友愛好追求知識，自理能力強，可嘗試直資、私立學校。若個性較慢熱，學習能力高，那津校也合適。之後再留意心儀學校對某些課目較為重

視，如數理、創科、語文等，從而配對子女的學習興趣，便可選出合適自己子女的學校。」

最後趙sir教路，若派位後未能派到或被心儀學校取錄，嘗試叩門的話定必要充份了解清楚學校的背景、教學理念、教學模式；子女為何對學校感興趣，然後提供一些實證如參加哪類型的比賽、培訓班等，供校長清楚明白小朋友的能力和入學誠意，成功的機會便會倍增。

漢中小學一條龍的直資學校，深信為學生提供「機會、資源和鼓勵」，配合資優教育的理念，培育出為社會和國家貢獻的優秀人才。

校話，提倡「存好心、說好話、做好事」的「三好孩子」理念，好好培養學生的服務精神和同理心。

歐惠珊副校長表示

▲漢華中學（小學部）以「機會、資源和鼓勵」的理念，致力提供資優教育。

漢華中學（小學部）

重視資優教育普及化 致力培養學生全人發展

平等教育　全面發展學生多元智能

漢華小學部以平等教育為原則，給予每個學生均等的學習機會，不論是體藝發展、學習活動和遊學團等都是全級學生一起參與的，學生有機會去嘗試和探究不同的新事物。除了學科知識外，學校還提供很多資源去培訓學生，其中一項是逢五下午全體學生都參加的「一生一體藝」課程。歐惠珊副校長解釋這課程是要求學生必須學習一項體育項目及樂器，全部課程都是外聘專業導師來教授，「以音樂範疇為例，學生由一年級入學時，會與家長及學生一起選擇一個樂器項目，在家長會中展示了樂器種類，學生和家長可先選一個範疇，然後再由專業導師親自面見學生，判斷學生究竟適合哪種樂器。」歐副校長指漢華有中樂團、西樂團、管弦樂團、合唱團、手鐘隊等可供學生參與，而且不論是樂器或體育項目，學生在六年接受培訓，即使升上中學部後仍可選擇繼續修習，所以學生們在體藝方面都有很高水準，甚至有不少學生成為港隊。學校更致力發展STEAM教育，學生每週2節於「科創站」（STEAM STATION）進行STEM課堂，學習不同軟件、編程及進行跨科課程活動，提升學生資訊素養及STEAM能力。學生更透過STEM專題研習日，讓學生動手做，培養探究與創新精神。

漢華之星星級獎勵計劃　鼓勵學生自主學習

為了鼓勵學生積極學習和良好品格，漢華小學部推行了「漢華之星星級獎勵計劃」。通過良好的學習表現和品行表現，學生可以獲得「漢華之星」印章，儲夠20個印章就可進入「玩具圖書館」玩樂，內裏有得多益智的遊樂設備，而且玩樂過後可得到一張教師閃卡。歐副校長表示學生以收集全數46張閃卡為目標，鼓勵學生主動學習和培正向價值觀，「獎勵計劃讓學生有一個目標，能讓他們交齊功課，上課更專心。甚至連家長都可參與，家長出席家長會也可幫學生儲印章。」這一計劃激勵了學生的學習動機，同時促進了家校合作。

重視品德培養　重視生命教育

漢華小學部也十分重視學生的品德發展和社會責任的培養。學校提倡「存好心、說好話、做好事」的「三好孩子」理念，並通過種服務學習活動培養學生的貢獻精神和同理心。例如到訪長者中心，為長者提供表演和分享，並且讓學生訪問長者的人生心路歷程，並將訪問內容製作成一本「人物故事冊」送給長者。歐副校長指這些活動不僅幫助學生建立自信，還啟發了他們的生涯規劃意識，透過長者的人生歷程，讓學生們知道生涯規劃的重要，及早定立目標，從小就向著理想目標努力前進。

多元體驗活動　實地考察加深認知

漢華小學部注重學生多元化的學習體驗，除學科上利用粵英普進行教學外，更設英語、普通話日，在生活中運用英普作為溝通語言。另外，在課程上利用生活教育模式融入了豐富的體驗式學習，例如四年級學生在常識科學習香港歷史後，會帶領他們到相關的歷史場所實地考察，例如香港歷史博物館和屏山文物徑等，並請來有關方面的專家現場講解，讓考察包含了中文科與常識科的跨學科合作，也讓學生在多個角度更加深入地了解香港的歷史文化。

學校還組織了遊學團，帶領學生到國內外不同的城市進行交流學習，例如今年四年級到廣州、深圳進行體驗課程、五年級到上海交流、六年級則到北京考察，全校學生100%參與，亦探訪當地的姊妹學校，兩地師生進行交流活動。同時，學校也鼓勵家長參與，不少家長更成為義工，陪同學生、老師進行遊學活動，加深家校合作關係。漢華小學部通過多元化的體驗活動，激發學生對知識的興趣，促進了他們的全面成長和發展。

▲學生在全方位考察及遊學團中親身體驗，建構知識和了解當地文化，擴闊眼界和國際視野。

漢華中學（小學部）

學校類別：直資、男女校
辦學團體：漢華教育機構
地址：小西灣富欣道3號
電話：2817 1746

學校開放日
日期：2024年7月13日（星期六）
時間：上午9:30至下午1:30

學校簡介會
場次1：2024年8月24日（星期六）上午10:00至中午12:00
場次2：2024年9月14日（星期六）上午10:00至中午12:00

入學申請方法
由即日開始至10月13日（星期日）
於本校網頁報名

（資料由學校提供）

升小準備 | 統一派位 | 叩門必修 | 封面故事 | 專家貼士 | 學校資料 香港區 | 學校資料 九龍區 | 學校資料 新界區

報讀小學第一步
分清全港四大類小學

官立小學

官立小學於全港有34所，是由政府作為辦學團體，全部均為男女校及無宗教背景。由於學校由教育局直接管理，所以教師和職工為公務員。課程按照教育局指引的核心課程編排，在課程發展和資源分配的自主權有限。當中教學語言主要是中文（廣東話），英語亦是必修的。官立學校的主要科目為中文、英文、數學、科學、通識、體育和美術。

收生方法： 必須參加政府的小一入學派位，包括自行分配學位及統一派位。

學費： 可享政府免費教育的福利

津貼小學
（又稱：資助學校）

全港共有423間津貼小學，比例佔八成以上。這部份學校均會接受政府津貼，由非牟利團體向政府申辦小學；同時，成立立法團校董會和校董會管理。當中不少非牟利團體以宗教或慈善社團為背景，此類學校與官立小學一樣，按教育局指引編排核心課程，而個別學校則設計特色課程。

收生方法： 必須參加政府的小一入學派位，包括自行分配學位及統一派位。

學費： 全免，但收取「堂費」以支援教育開支。

直資小學

直資小學是指提供本地課程的私立學校，同時接受政府資助。據「小學概覽」顯示，現時共有21所直資小學，和資助小學相比，直資小學在多個範疇上如資源調配、課程設計和收生方式等有較大的彈性。

就讀需要繳交學費，但按學校合資格學生人數計算享有一筆政府津貼。它們的課程特色是舉辦更多增潤課程以發展學生多元智能，以及改善學校設施及教學環境等。

收生方法： 自行收生

學費： 每間學校各有不同，一般每月數千元以上。

私立和國際小學

私立小學其辦學宗旨、目標學生和適用的要求均有別於國際小學，部份學校會視本身為國際小學以外的選擇。根據政府規定，私立學校須確保所取錄的學生最少有七成為香港永久性居民。至於國際小學均是提供非本地課程，主要為在港定居或暫居的海外家庭子女、同時不欲參與本地課程的學生而設。

收生方法： 收生制度以致學校的教學模式、學制都自主性高

學費： 每間學校各有不同，一般每月數千元以上。

心儀官立、資助小學

參加2025年度小一入學統籌辦法:
2025年9月入學時年滿5歲8個月(即2019年12月31日或以前出生,凡在2020年1月1日或以後出生的兒童並未足齡參加)
1. 本港居民 **2.** 尚未入讀小學 **3.** 從未獲派小一學位

領取「小一入學申請表」
1. 在學童就讀的幼稚園 **2.** 幼稚園暨幼兒中心
3. 各區民政事務處(民政諮詢中心) **4.** 教育局學位分配組或區域教育服務處索取

沒有 特定心儀學校 ◀ ┈ ▶ **有** 特定心儀學校

在2024年9月至2025年1月期間 **直接參加「統一派位」** 向教育局學位分配組遞交表格 九龍九龍塘沙福道19號教育局九龍塘教育服務中心 西座平台	**在2024年9月** **申請「自行分配學位」** 只可向一間學校(不受任何小一學校網限制)遞交申請表 自行分配學位分為兩類: 甲)為有兄/姊在該小學就讀或父/母在該小學就職的申請兒童提供的學位(凡屬此類別的申請兒童,必獲取錄。) 乙)根據「計分辦法準則」分配的學位

參加「統一派位」

2024年11月
學校公布「自行分配學位」結果

*不獲取錄的申請人參加「統一派位」

*獲 官立、資助小學 取錄

2025年2月
辦理選校手續

2025年6月
公布「統一派位」

學校指定日期
辦理入學註冊手續

心儀直資、私立小學、英基學校轄下的小學

2024年開始申請
*每所學校的招生日期不同,家長須自行向學校查詢。
*每所學校的收生標準不同,大部分申請人須接受面試。
*可投考多於一所直資小學或私立小學。

獲 直資小學 取錄 ◀ ┈ ▶ **獲 私立小學 取錄**

* 辦理註冊手續 * 如學生同時參加「小一入學統籌辦法」,接受直資小學學位後,將不得循「小一入學統籌法」取得學位。	* 辦理註冊手續 * 如學生同時參加「小一入學統籌辦法」,教育局將於2025年6月「統一派位」結果公布前將申請人名單送予有關私立小學參考。

家長需知
小一派位機制及計分方法

報讀小學是為子女鋪設未來人生路的重要關口，將影響日後升中、DSE / IB，以至挑選大學學科等等，絕不可以鬆懈！因此，假如你的子女於二〇二五年九月入學時，年滿五歲八個月，家長們必需預早開始着手準備，熟讀「小一入學統籌辦法」，讓子女可以順利入讀心儀的學校。

- 小一入學統籌辦法將全港劃分為三十多個「小一學校網」
- 統籌辦法分為兩個階段：「自行分配學位」階段及「統一派位」階段
- 每所小學可將其全部小一學額的百分之五十作為自行分配學位之用，餘下百分之五十學額則由教育局利用電腦統一派位。

解答家長派位機制疑難？

如家長已為適齡入學子女遞交「小一入學申請表」，但未獲自行分配學位，毋須再申請統一派位，教育局會在一月中旬以書面通知家長，於指定日期到指定統一派位中心，辦理選擇學校手續。

假如統一派位指定辦理選校手續的日期前還未收到選校通知書，便應盡快致電學位分配組查詢（一般查詢2832 7770、香港島及離島2832 7610、九龍2832 7620、新界西2832 7635、新界東2832 7659）。

辦理選校手續時，家長須攜帶身份證明文件及「小一入學統一派位通知書」或「小一入學申請表」，到指定的統一派位中心辦理選校手續，如果在指定日期無法到指定的統一派位中心辦理選校手續，可以書面授權他人代辦手續。

如果家長有超過一名子女同時參加統一派位，又希望子女能獲派同一學校，則家長必須在子女的「選擇學校表格」內，填上完全相同的選擇。電腦在執行派位時，會將這些申請學童以同一個「隨機編號」進行學位分配。

如果家長辦理選校手續的指定日子後，才提出為子女申請參加該年度小一入學統籌辦法，須前往教育局學位分配組辦理有關手續。教育局亦會於該年六月為申請的學童另行安排小一學位。

為配合「智慧政府」策略，教育局已將小一入學申請全面電子化。已登記成為「小一入學電子平台」的用戶及以「智方便+」綁定帳戶的家長，可透過該電子平台辦理選校手續及查閱統一派位結果。

第**1**階段

「自行分配學位」

- 可以不受地區限制
  為子女向任何一間官立或資助小學遞交申請
- 如家長同時向多於一間官立或資助小學申請學位，其子女的自行分配學位申請將會作廢。
- 由學校自行分配的學位分為兩類：

甲類「必收類」

- 佔學額總數30%
- 有兄/姊在該校小學就讀、或父/母在該小學就職。
- 如有不足之數，以原本預留作統一派位的學額填補。
- 未能盡用的學額，學校可根據計分法自行分配。

乙類「計分類」

- 學額不會少於學校總學額的20%
- 學校不可進行任何形式的筆試或面試
- 有曾申請自行收生分配學位而未被錄取，一律會由教育局統一派位。

第**2**階段

「統一派位」

- 未獲自行分配學位的兒童，將參加統一派位。
- 佔學校小一學額50%
- 可分為甲部和乙部
  - > 甲部：每所學校統一派位學額的10%，不受學校網限制，家長可選擇不超過三所位於任何學校網的官立或資助小學。
  - > 乙部：餘下90%的統一派位學額，受校網所限，家長須選擇其住址所屬學校網的選校名單內的小學。
- 若家長曾為子女申請校網內某一小學的自行分配學位而未獲取錄，仍可將該小學列入其選擇之內。
- 決定選擇學校的優先次序
  - > 電腦根據「隨機編號」分派學位
  - > 大部份可選擇的學校受居住地區限制
- 居於內地的申請兒童，可選與口岸相鄰的校區包括：北區、大埔、屯門、元朗（除元朗西外）。

計分辦法詳情

以下列出教育局規定的「計分辦法準則」的計算方法。請在1-5項條件及6-7項條件各選一項，便知所得分數。最高為35分，而每個小朋友最少都會有10分，當如果僅有10分則勝算較低。

類別	條件	分數
1	爸爸或媽媽在該小學的幼稚園部或中學部全職工作	20分
2	哥哥或姊姊在該小學的中學部就讀	20分
3	爸爸或媽媽為該小學的校董	20分
4	爸爸、媽媽、哥哥或姊姊，是該小學的畢業生。	10分
5	申請學童是家庭中首名出生的子女	5分
以上5項只可揀選一項		
6	與該校的辦學團體有相同的宗教信仰＊	5分
7	爸爸或媽媽是該小學主辦社團的成員＊	5分
以上2項只可揀選一項		
8	適齡入學（即九月開學時年滿五歲八個月至七歲）	10分

＊需向學校查詢有關「相同宗教」或「主辦社團的成員」的定義

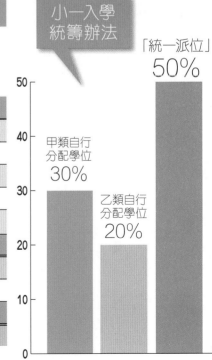

小一入學統籌辦法

「統一派位」50%

甲類自行分配學位 30%

乙類自行分配學位 20%

升小準備

升小準備

統一派位

叩門必修

封面故事

專家貼士

香港區 學校資料

九龍區 學校資料

新界區 學校資料

 注意

報讀小學前，請認清所屬校
網，免得錯失心儀小學。

中西區

灣仔

東區

南區

11

12

14

18

16

2024年度
全港小一校網分佈
港島

地區	校網編號	分布範圍	學校資料
中西區	11	中環、上環、西營盤、石塘咀、堅尼地城、山頂	見P.47-50
灣仔	12	灣仔、銅鑼灣、跑馬地、大坑、渣甸山、掃桿埔、肇輝台、東山台、勵德邨、玫瑰新邨、松柏新邨、柏景台、金龍台	見P.51-54
東區	14	北角、鰂魚涌、太古城、康山、鯉景灣、康東邨、西灣台、嘉亨灣	見P.54-57

地區	校網編號	分布範圍	學校資料
東區	16	柴灣、筲箕灣、西灣河、亞公岩、石澳、大浪灣、耀東邨、興東邨、東熹苑、東霖苑、逸濤灣、杏花邨、山翠苑、興華邨、漁灣邨、環翠邨、小西灣邨、翠灣邨、富景花園、富怡花園、富欣花園、曉翠苑、佳翠苑、杏翠苑、連翠苑	見P.57-60
南區	18	香港仔、鴨脷洲、薄扶林、黃竹坑、赤柱、淺水灣、深水灣、春坎角、壽臣山、置富花園、薄扶林花園、華富邨、華貴邨、嘉隆苑、碧瑤灣、田灣、石排灣、海怡半島、貝沙灣、紅山半島、陽明山莊	見P.61-63

*以上校網劃分來自教育局二〇二四年度統一派位各小一學校網選校名冊，供各位家長參考。

2024年度 全港小一校網分佈 九龍

地區	校網編號	分布範圍	學校資料
油尖旺	31	尖沙咀、油麻地、佐敦道、京士柏、嘉文花園、漾日居、君臨天下、凱旋門、爵士花園、帝庭園、衛理苑、海富苑、駿發花園、富榮花園、柏景灣、擎天半島、港景峰、帝柏海灣、君頤峰、帝峯皇殿、御金國峯	見 P.64 -66
	32	旺角、大角咀、維港灣、頌賢花園、港灣豪庭、凱帆軒、西九龍紀律部隊宿舍、君匯港、大同新邨、富多來新邨、浪澄灣、一號銀海、海桃灣	見 P.66 -68
九龍城	34	何文田、土瓜灣、馬頭角、嘉多利山、窩打老道山、愛民邨、何文田邨、俊民苑、御龍居、欣圖軒、冠熹苑、馬頭圍邨、真善美村、帝庭豪園、賀龍居、樂民新村、曉暉華庭、海悅豪庭、欣榮花園、傲雲峰、翔龍灣、半山壹號、啟德、啟晴邨、德朗邨、煥然一居、啟德1號、天寰、嘉匯、龍譽	見 P.68 -72
	35	紅磡、大環山、黃埔新邨、黃埔花園、家維邨、海逸豪園、半島豪庭、海名軒、都會軒、昇御門	見 P.73 -74
	41	九龍城、九龍塘、筆架山道、廣播道、美東邨、曉薈	見 P.74-77
深水埗	40	深水埗、長沙灣、荔枝角、石硤尾、又一村、麗閣邨、麗安邨、怡閣苑、怡靖苑、南昌邨、富昌邨、榮昌邨、長沙灣邨、元洲邨、幸福邨、幸俊苑、泓景臺、昇悅居、宇晴軒、碧海藍天、海麗邨、曼克頓山、美孚新邨、清麗苑、盈暉臺、蘇屋邨、李鄭屋邨、寶麗苑、寶熙苑、爾登華庭、爾登豪庭、澤安邨、畢架山花園、帝景峰、畢架山峰、石硤尾邨、白田邨、大坑東邨、大坑西邨、南山邨、又一居、海盈邨、海達邨、凱樂苑、麗翠苑、南昌一號、匯璽	見 P.77 -82

地區	校網編號	分布範圍	學校資料
黃大仙	43	新蒲崗、東頭邨、黃大仙上邨、黃大仙下邨、竹園南邨、竹園北邨、盈福苑、翠竹花園、橫頭磡邨、樂富邨、樂富中心、富強苑、康強苑、嘉強苑、德強苑、天馬苑、天宏苑、鵬程苑、新光中心、豪苑、啟德花園、豪門、譽港灣、現崇山、東匯邨、景泰苑	見 P.82 -85
	45	慈雲山、鑽石山、富山邨、彩虹邨、采頤花園、彩雲邨、彩輝邨、瓊山苑、瓊麗苑、新麗花園、帝峯豪苑、宏景花園、星河明居、龍蟠苑、鳳德邨、鳳凰新村、慈樂邨、慈民邨、慈正邨、彩峰苑、悅庭軒、嘉峰臺、曉暉花園、啟鑽苑	見 P.85 -88
觀塘	46	九龍灣、佐敦谷、坪石邨、清水灣道8號、啟業邨、啟泰苑、麗晶花園、德福花園、牛頭角下邨、淘大花園、德寶花園、彩盈邨、彩德邨、彩福邨、彩霞邨、順緻苑、順利邨、順安邨、順天邨、順利紀律部隊宿舍、安泰邨、彩興苑	見 P.88 -90
	48	鯉魚門、茶果嶺、裕民坊、馬環村、馬游塘、秀茂坪邨、寶達邨、曉麗苑、曉琳苑、安基苑、牛頭角上邨、樂華邨、秀茂坪紀律部隊宿舍、花園大廈、和樂邨、翠屏邨、寶珮苑、樂雅苑、康利苑、雲漢邨、祥和苑、振華苑、藍田邨、康田苑、康華苑、康盈苑、康瑞苑、康逸苑、康柏苑、康雅苑、平田邨、興田邨、德田邨、廣田邨、啟田邨、安田邨、麗港城、油塘中心、高俊苑、高怡邨、高翔苑、油美苑、油塘邨、油麗邨、鯉安苑、鯉魚門邨、匯景花園、鯉灣天下、安達邨	見 P.91 -96

*以上校網劃分來自教育局二○二四年度統一派位各小一學校網選校名冊，供各位家長參考。

鳳溪創新小學

迄今有超過90年悠久歷史的鳳溪創新小學，教師屢獲多項教育獎項殊榮，包括六屆榮獲「行政長官卓越教學獎」及二十一度香港教育工作者聯會頒發的「優秀教師獎」，足證學校的優質教學水平。學校擁有優良的學習環境，配合創新的課程及優質的科技設備，讓每個學生發展潛能，擁有自己的舞台！

優秀教師團隊 創造沉浸式英語語境
推動創科教育 啟發學生潛能

本年度剛接任的劉麗清校長深信，每個學生都有其獨特之處，人人都可以在舞台上發光發亮，故學校今年致力發展ENGLISH、STEAM x AI、中華文化及正向教育，並以多元化體驗學習為學生營造適合的平台，潛能得以發揮，正如今年輔導主題：Be Legendary。

打造「最強」英語語境

劉麗清校長表示，在小學階段培養學生兩文三語十分重要，尤其是英語。為了營造沉浸式又豐富的英語環境，除了教育局安排一位外籍英語老師駐校，學校額外聘請三位外籍老師，擔任一年級副班主任，與學生建立緊密的關係。為了加強學生在日常生活中運用英語的能力，今年起每逢星期三定為「英語日」，當天學生不論在早會或在小食部購買小食時均以英語溝通，每天還安排了不同類型英語的活動及遊戲、STEAM實驗活動、手工藝及SWITCH做運動等。在課程方面，二年級推行Guided Reading，以學生的閱讀能力分組，每組由一位外籍老師帶領閱讀英文圖書，提升學生對閱讀英文圖書的興趣及能力。而高年級則設計了STEAM x MATHS的英語課程，透過閱讀STEAM主題的英文電子圖書，用英語學習有關科學及數學知識及理論，並動手做實驗，為升中作準備。在耳濡目染下，學生的英語水平皆有所提高。此外，學校設有不同類型的英語尖子班，如英語辯論班、英語話劇及寫作班等，以提升他們的學習潛能。

AI人工智能教學與時並進

另外，創科是社會趨勢，鳳溪創新小學致力發展STEAM課程，強化科學、科技和數學教育，讓學生同時掌握相關領域的技能，培養未來社會人才。老師除了善用不同平台及Apps配合課程進行互動教學外，今年還新增校本AI平台，讓學生適應最新科技發展帶來的挑戰。

■AI尖子班讓學生深入認識人工智能的應用及電腦編程的概念

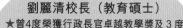
劉麗清校長（教育碩士）
★曾4度榮獲行政長官卓越教學獎及3度榮獲優秀教師獎。

行政長官卓越教學獎
★ 2009/10 英國語文學習領域
★ 2011/12 資訊科技教育
★ 2013/14 課程領導
★ 2018/19 英國語文學習領域
教育工作者聯會：優秀教師獎
★ 英文科　★ 2006　★ 2007　★ 2009

■校本AI平台

在STEAM教育方面，學校透過專研專習及動手做實驗等活動，強化學生在科學、科技、工程、藝術及數學各學習領域及應用知識的能力。學校持續優化資訊科技教學，透過電腦科編程教學、VR課程、3D打印課程、機械人課程等，不但提升學生的學習興趣，更讓學生掌握不同的創新科技，面向世界、面向將來。

中華文化與「創新」中醫學習體驗

學校有濃厚的中華文化氛圍，為了培養學生了解中華民族五千多年來的文化精萃，今學年以中華文化為主軸，推動古詩文課程及跨學科活動，並增設「國粹館」，每天小息提供不同的中華文化工作坊，如茶藝、彩虹書法、製皮影戲偶等，並讓學生身穿古代漢服，體驗《紅樓夢》主角的生活。此外，學校每年舉行「中華文化日」，今年以「儒家六藝」為主題，為學生設計跨學科「六藝」體驗活動，讓學生學習書、樂、禦、射、禮及算，成為知書達理的君子。另外，學生於「中華文化喜『閱』日」閱讀有關中華文化的圖書及體驗相關活動，增進對中華文化的認識。

本校獲中醫藥發展基金撥款六十多萬元，新建「創新中醫文化館」及「百草園」，也展示多種中藥材、中醫工具、中華文化教材及學生作品，讓學生從小認識中醫文化，培養學生對國家及民族的感情，幫助學生日後連接大灣區、在祖國發展奠下根基。

■創新中醫文化館展示多種中藥材及中醫工具，讓學生從小認識中醫文化。

■新增室內游泳館。

多元活動推動正向教育 達致全人發展

鳳溪創新小學的校舍超過一萬平方米，有充足空間提供多種課外活動及興趣班，如劍擊、射箭、高爾夫球、鐳射切割課程、無人機班、AI尖子班、中文口才班等。明年的體育課將到新落成的「賽馬會鳳溪室內游泳館」上課，實行全方位學習。

■學校增設「Got Talent Show」才藝表演，讓學生有機會一展所長。

每個學生都是獨特的，學校提供平台讓學生嘗試，並給予鼓勵和支援，啟發學生個人潛能。承接今年學校訓導主題「We can be Legendary」，特別增設「Got Talent Show」，鼓勵學生以個人或團體形式參與才藝表演。當中有學生彈豎琴、打鼓、唱歌、跳芭蕾舞、耍功夫，把埋藏了的潛能發揮出來。通過這些多元化的活動，建立學生的信心及滿足感，令學生喜歡上學，切合全人發展及正向教育的理念。

體驗學習擴闊眼界

除了以上四個發展重點外，體驗學習便是他們實踐學習的好機會。學校積極帶領學生放眼世界，故每年會舉辦境外交流遊學團、善用校內獨特的環境或本地遊，讓學生去學習、去實踐。今學年所有四至六年級學生都參與境外遊，他們分別去了佛山、江門、福建、惠州等地，更安排部分學生參加澳洲英語遊學團，讓學生從豐富的探索體驗中拓展視野，鍛煉自主能力，協助他們建立正確及積極的人生觀，為日後回饋社會作好準備。

■每個課室均有一塊互動顯示屏ActivPanel及電腦，設備齊全。

■澳洲英語遊學團：了解當地文化，擴闊學生視野。

鳳溪創新小學
地址：上水馬會道19A　　電話：2639 2201
電郵：info@fkis.edu.hk　　網址：www.fkis.edu.hk

Facebook　　WeChat　　官方網址

（資料由學校提供）

2024年度 全港小一校網分佈 新界 及離島

升小準備｜統一派位｜叩門必修｜封面故事｜專家貼士｜學校資料 香港區｜學校資料 九龍區｜學校資料 新界區

北區
元朗
大埔
荃灣
沙田
青衣
葵涌
西貢
屯門
離島

地區	校網編號	分布範圍	學校資料
荃灣	62	荃灣、老圍、柴灣角、川龍、汀九、油柑頭、深井、青龍頭、馬灣、大嶼山東北、福來邨、祈德尊新邨、荃錦中心、荃灣廣場、翠豐臺、荃灣中心、荃景花園、荃威花園、錦豐園、荃德花園、麗城花園、翠濤閣、灣景花園、麗都花園、海韻花園、浪翠園、豪景花園、愉景新城、恒麗苑、石圍角邨、象山邨、綠楊新邨、荃灣花園、荃昌中心、荃豐中心、華都中心、富華中心、怡景園、荃灣城市廣場、海濱花園、東亞花園、富麗花園、海灣花園、名逸居、寶雲匯、朗逸峰、爵悅庭、萬景峰、荃新天地、縉庭山、韻濤居、碧堤半島、縉皇居、寶石大廈、白田壩村、光板田村、木棉下村、西樓角村、海壩村、三棟屋村、咸田村、楊屋村、河貝村、關門口村、馬閃排村、芙蓉山、環宇海灣、尚翠苑、柏傲灣、海之戀	見P.97-101
葵涌	64	上葵涌圍、打磚坪村、中葵涌村、大白田村、油麻磡村、梨木樹邨、雍雅軒、石陰邨、石籬邨、怡峰苑、安陰邨、寧峰苑、嘉翠園、和記新邨、昇柏山	見P.101-103
	65	光輝圍、下葵涌村、鐘山台、九華徑、翠瑤苑、麗瑤邨、荔景邨、悅麗苑、賢麗苑、祖堯邨、華員邨、華景山莊、海峰花園、荔灣花園、浩景臺、葵欣苑、華荔邨、大窩口邨、葵蓉苑、葵涌邨、葵盛邨、月海灣、高盛臺、葵芳邨、芊紅居、葵興邨、葵涌廣場、葵康苑、葵俊苑、新葵興花園、新葵芳花園、葵芳閣、葵賢苑、葵聯邨、葵馥苑、葵翠邨、荔景台	見P.103-106

地區	校網編號	分布範圍	學校資料
青衣	66	青衣、青泰苑、青雅苑、長發邨、長安邨、青宏苑、灝景灣、盈翠半島、偉景花園、長亨邨、長宏邨、青衣邨、宏福花園、青怡花園、海悦花園、曉峰園、翠怡花園、海欣花園、長康邨、青盛苑、青華苑、長青邨、美景花園、藍澄灣、綠悠雅苑、大王下村、新屋村、鹽田角村、藍田村	見P.106-109
屯門	70	屯門西(屯門河道以西)、藍地、舊墟、美樂花園、兆山苑、蝴蝶邨、湖景邨、白角、龍鼓灘、兆禧苑、海翠花園、新屯門中心、邁亞美海灣、悦湖山莊、龍門居、富健花園、啟豐園、慧豐園、和平新村、紫翠花園、鍾屋村、麒麟圍、兆康苑、澤豐花園、大興邨、大興花園、翠林花園、石排頭、山景邨、良景邨、康德花園、田景邨、建生邨、新圍苑、兆畦苑、綠怡居、卓爾居、寶田中轉房屋、茵翠豪庭、亦園村、順風圍、泥圍、福亨村、桃園圍、青磚圍、紫田村、小坑村、寶怡花園、盈豐園、海麗花園、兆邦苑、兆隆苑、楊小坑、青山村、豫豐花園、兆軒苑、屯子圍、森築苑、龍逸邨、欣田邨、富澤豪庭、NOVOLAND	見P.109-114
	71	屯門東(屯門河道以東)、虎地、龍珠島、新墟、小欖、掃管笏、大欖涌、井頭村、友愛邨、兆安苑、安定邨、置樂花園、華都花園、屯門市廣場、時代廣場、三聖邨、景峰花園、怡樂花園、偉景花園、恒福花園、恒順園、冠峰園、翠寧花園、兆麟苑、黃金海岸、帝濤灣、疊茵庭、富泰邨、南浪海灣、嘉悦半島、豐景園、漣山、翠濤居、瑜翠園、浪濤灣、愛琴灣、愛琴海岸、聚康山莊、彩暉花園、嘉和里、海景花園、小秀村、蟠龍半島、青山別墅、景新臺、海典軒、怡峰園、彩華花園、龍成花園、瓏門、星堤、滿名山、御半山	見P.114-118

*以上校網劃分來自教育局二〇二四年度統一派位各小一學校網選校名冊，供各位家長參考。

地區	校網編號	分布範圍	學校資料
元朗	72	天水圍、廈村、洪水橋、流浮山、屏山、輞井、稔灣、田心、嘉湖山莊、天耀邨、天瑞邨、天愛苑、天慈邨、天麗苑、天頌苑、天華邨、天盛苑、天祐苑、天富苑、天悅邨、天澤邨、天恒邨、天恩邨、天逸邨、俊宏軒、慧景軒、朗逸中轉房屋、沙江圍、鳳降村、新生村、祥降圍、巷尾村、丹桂村、唐人新村、塘坊村、馮家圍、永寧村、羅屋村、錫降村、柏雨花園、金莎花園、綠悅、栢慧豪園、深灣畔、天晴邨、翠峰、尚城、泉薈、金閣豪園、洪福邨、尚築、富豪悅庭、娉廷、朗逸豪園、屏欣苑	見P.118-124
	73	元朗西(元朗主渠以西、教育路以南、大棠路以西)、橫洲、吳屋村、鳳池村、禮修村、馬田村、龍田村、山下村、朗屏邨、紅棗田村、白沙村、大棠村、楊家村、木橋頭村、黃泥墩、水邊圍邨、栢麗豪園、藝典居、御豪山莊、朗庭園、翠韻華庭、華翠豪園、御景園、御庭居、振華花園(二、三期)、定福花園、水田村、銀田花園、麗昌花園、東頭圍新村、福慶村、忠心圍、東頭圍、林屋村、西頭圍、楊屋村、欖口圍村、欖口村、水邊村、大井圍、大井盛屋村、原築、翹翠峰、逸林首府、朗景台、怡豐花園、振興新村、漆柏、深涌村^、水蕉新村^、大旗嶺^、崇正新村^、田寮村^、水蕉老圍^	見P.124-126
	74	元朗東(元朗主渠以東、教育路以北、大棠路以東)、元朗市中心(東部)、元朗舊墟、坳頭、錦田、落馬洲、米埔、八鄉、新田、十八鄉、石崗、山背、東成里、鈞樂新村、上下攸田、港頭村、瓦窰頭、塘頭埔村、南坑、南坑排、楊屋村、石塘村、新元朗中心、朗晴居、鳳庭苑、采葉庭、蝶翠峰、新時代廣場、西邊圍、南邊圍、高埔村、長春新村、北圍村、吉慶圍、泰康圍、錦田新村、金錢圍、水流田、大江埔、七星崗、攸潭美、大生圍、逢吉鄉、沙埔、錦繡花園、加州花園、加州豪園、洲頭、南生圍、麒麟村、鹿尾村、安龍村、蕃田村、新龍村、葡萄園、翠巒、新時代中城、六本木、葡萄薈、尚豪庭、尚悅、譽88、爾巒、世宙、映御、朗屏8號、朗善邨、朗晴邨、峻巒、深涌村^、水蕉新村^、大旗嶺^、崇正新村^、田寮村^、水蕉老圍^、宏富苑	見P.126-129
北區	80	上水、石湖墟、馬草壟、掃管埔、打石湖、華山、彩園邨、旭蒲苑、彩蒲苑、天平邨、翠麗花園、太平邨、龍豐花園、順欣花園、上水中心、維也納花園、上水警察已婚宿舍、威尼斯花園、奕翠園、歐意花園、新都廣場、安盛苑、清河邨、皇府山、御皇庭、天巒、御林皇府、祥龍圍邨、寶石湖邨	見P.129-133
	81	粉嶺、聯和墟、鹿頸、打鼓嶺、和合石、萊洞、蓮麻坑、萬屋邊、塘坑、馬尾下、麻雀嶺、禾坑、丹竹坑、祥華邨、孔嶺、華明邨、粉嶺中心、欣翠花園、欣盛苑、碧湖花園、蔚翠花園、粉嶺名都、海裕苑、榮福中心、榮輝中心、嘉盛苑、嘉福邨、景盛苑、海聯廣場、華慧園、翠彤苑、花都廣場、華心邨、靈山村、昌盛苑、雍盛苑、牽晴間、綠悠軒、萬豪居、帝庭軒、暉明邨、皇后山邨、山麗苑	見P.133-136
北區	83	沙頭角、鴨洲、吉澳、西流江、烏蛟騰	見P.136
大埔	84	大埔、大埔頭、大埔尾、泮涌、錦山、九龍坑、林村、舊墟、三門仔、大美督、大埔墟、樟樹灘、大窩、南華莆、水圍、大元邨、富善邨、明雅苑、新興花園、康樂園、大埔中心、太和邨、寶雅苑、海寶花園、富亨邨、頌雅苑、汀雅苑、太湖花園、富霞邨、怡雅苑、帝欣苑、樂賢居、圍頭村、錦石新村、宏福苑、廣福邨、新達廣場、運頭塘邨、逸雅苑、景雅苑、德雅苑、富雅花園、寶湖花園、新峰花園、翡翠花園、大埔寶馬山花園、悠然山莊、天賦海灣、逸龍灣、嵐山、寶鄉邨	見P.137-141
沙田	88	大圍、白田、銅鑼灣、沙田頭、田心、上徑口、美林邨、美松苑、美田邨、海福花園、新田圍邨、隆亨邨、新翠邨、世界花園、景田苑、秦石邨、豐盛苑、顯徑邨、金獅花園、瑞峰花園、金禧花園、嘉田苑、雲疊花園、愉景花園、沙田花園、翠景花園、湖景花園、曉翠山莊、恒峰花園、名城、漾岸8號、顯耀邨	見P.142-144
	89	馬鞍山、烏溪沙、大水坑、十四鄉、恒安邨、耀安邨、錦鞍苑、富安花園、錦禧苑、錦英苑、富寶花園、新港城、利安邨、錦龍苑、雅典居、海濤居、海柏花園、福安花園、頌安邨、錦豐苑、雅景臺、聽濤雅苑、翠擁華庭、帝琴灣、錦泰苑、觀瀾雅軒、海典灣、銀湖天峰、欣安邨	見P.144-147
	91	火炭、馬料水、排頭、小瀝源、沙田圍、圓洲角、山尾、九肚山、赤泥坪、亞公角、乙明邨、博康邨、沙角邨、愉城苑、富豪花園、河畔花園、花園城、沙田第一城、愉田苑、濱景花園、廣源邨、帝堡城、曾大屋、廣林苑、康林苑、翠湖花園、碧濤花園、晴碧花園、欣廷軒、愉翠苑、瀝源邨、禾輋邨、穗禾苑、銀禧花園、希爾頓中心、沙田廣場、新城市廣場、好運中心、駿景園、華翠園、碩門邨、御龍山、豐和邨、水泉澳邨、駿洋邨、旭禾苑	見P.147-151
西貢	95	西貢、將軍澳、坑口、清水灣、井欄樹、魷魚灣、蠔涌、對面海、西貢北、糧船灣、滘西洲、鹽田仔、雞公山、匡湖居、翠塘花園、富寧花園、安寧花園、厚德邨、明德邨、景林邨、浩明苑、寶林邨、英明苑、欣明苑、翠林邨、景明苑、康盛花園、廣明苑、富康花園、寶盈花園、彩明苑、頌明苑、顯明苑、寶明苑、唐明苑、和明苑、裕明苑、煜明苑、尚德邨、健明邨、善明邨、富麗花園、茵怡花園、新都城、疊翠軒、維景灣畔、蔚藍灣畔、將軍澳中心、東港城、新寶城、清水灣半島、將軍澳廣場、都會駅、城中駅、日出康城、天晉、怡明邨	見P.151-157
離島	96	南丫島、蒲台島	見P.157
	97	長洲、索罟群島	見P.157
	98	大嶼山(大嶼山東北除外)、東涌、富東邨、裕東苑、東堤灣畔、逸東邨、映灣園、海堤灣畔、藍天海岸、海珀名邸、迎東邨、滿東邨、裕雅苑	見P.158-160
	99	坪洲、愉景灣、稔樹灣、大白灣	見P.160

註： * 部分校網小一學位不足，身處該校網者可選報部分跨網學校。
　　* 以上校網劃分來自教育局二〇二四年度統一派位各小一學校網選校名冊，供各位家長參考。
　　* 居於內地的兒童，其「統一派位選校名單」內的學校原則上包括與口岸相鄰地區—北區、大埔、屯門、元朗（元朗西除外）的學校，以及根據教育局資料顯示有跨境學童就讀的其他地區的學校。
　　^ 該些鄉村橫跨73及74校網。有關詳情請向教育局查詢（2832 7700）。

中華基督教會基灣小學（愛蝶灣）的學生學術成績卓越，學校音樂氣氛濃厚且獲獎無數。近年，學校更引入嶄新科技，如浸式教室、互動地板投影、線上線下混合教學設備等，融合創新教學法互動學習的元素，務求提升學與教的影響力和效能。學校亦提供攀石、奇等康體活動，讓學生從小經歷成功、面對失敗，以多元活動訓練學生在球化的大氣候後下仍能尋求卓越、保持積極向上正向態度。

中華基督教會基灣小學（愛蝶灣）
正向生命證主愛　卓越領袖創未來

培育基督教正向品格
喜獲品德教育傑出教育獎

「並肩培育豐盛生命、攜手見證基督大愛」是該校的辦學願景。校長黃靜雯表示，學校一向著重基督教教育理念，致力培育學生珍惜生命、常存感恩及熱愛學習的心。由教會、學校、心理學及生命教育專家建構的生命教育課程「VASE計劃」，讓學生經歷多姿多采的校園活動。加上老師、校友及家長的生命見證，透過有系統的獎勵計劃，鼓勵學生於品德(V-star)、體藝(A-star)及學業(S-star)上全面發展，最後成為永恆之星(E-star)，體現學校的正向核心元素LAMB(Love, Achievement, Meaning, Being)。

學校更憑「VASE計劃」獲得教育局頒發的「第五屆品德教育傑出教育獎」，並經常獲各界邀請分享成功經驗。

重視學業水平
引入高階學習設備

學校一向重視課程發展及教學水平。在培養語文能力方面，學校循序漸進引導學生掌握高階思維能力，亦安排學生從初小開始學習文言經典作品，提高文學賞析能力，體悟中華文化。英文科方面，學校聘請多名外籍英文老師，每周兩節與本地老師合作，善用校本閱讀教材提升學生閱讀能力。老師亦善用「以讀帶寫」、「Process Writing」等策略，加強學生「聽説讀寫」的綜合運用能力。學校近年致力發展電子學習及STEAM教育，設有一站式「基灣‧愛‧自學平台」，小一已開始推行BYOD（自攜裝置）。學校已增設沉浸式教室、AI Innovation Lab、互動地板投影等教學設備，加強課堂互動性及照顧學生多樣性。學校亦引入環保教育、編程教學、AI人工智能課程，激活學生好奇心。學校強調學生「動手做」，讓學生從中學習科學原理之餘，嘗試以科學方法解決問題，並學習感恩珍惜、勇於承擔的僕人領袖素質，知識、技能、態度三者並重。學生於不同STEAM比賽中屢次獲得佳績，學校亦成為「科學科領航學校」及「全港STEM優秀學校」之一。

● 在STEAM X海洋航行器及建造比賽中，獲得小學組賽冠軍。

● 學生在新設的沉浸教室戴上立體3D眼鏡，感受前所未有的學習體驗。

（資料由學校提供）

各科加入英文詞彙 提前銜接英中

由於該校大部分學生升讀英文中學，故在其他科目滲入英文學習元素。由低年級起，數學科每個單元均設英文工作紙，讓學生盡早接觸數學的英文用語。六年級常識科選取個別單元以英文教授，能力較高的班別採用英文常識教材。高年級學生須看「chapter books」，並完成不同題材的寫作，如議論文、描寫文、甚至影評，題型近似中學，部份書目更屬中學選取的圖書。蔡維澤校友(2017年DSE狀元，現就讀港大醫科)憶述：「在小學的學習生活中，不同活動的反覆鍛鍊，讓我培養不斷向上的積極態度，對我日後學習起了很大作用。」

另外，學校學生升中派位理想，獲派首三志願達99%，約七成學生升讀英文中學。於自行分配學位階段，約四成學生優先獲中學取錄為正取生。

● 學校聘請多名外籍老師，提早為學生升讀英文中學作好準備。

近年獲派中學舉隅：

聖保羅男女中學	庇理羅士女子中學	聖馬可中學
德望學校	皇仁書院	港島民生書院
協恩中學	英皇書院	聖士提反女子中學
聖保羅書院	喇沙書院	瑪利曼中學
聖保祿中學	聖若瑟書院	嘉諾撒書院
英華書院	張祝珊英文中學	香港華仁書院
聖士提反書院	香港中國婦女會中學	

持之以恆的音樂教育 培養學生堅毅精神

學校多年來推行「一人一樂器」，並設有管弦樂團、管樂團、弦樂團、詩班及節奏樂隊，投放在音樂教育的資源堪稱官津學校之冠，學校亦多次在國際及本地比賽中屢獲殊榮。藝術發展主任蘇主任說：「為著眾多喜愛音樂的學生，我們每年都定期舉行音樂會及到不同國家、地方演出，全校家長對學校音樂教育理念亦十分支持！」學校於本年度青年音樂匯演，獲得管弦樂團金獎及弦樂團金獎，另外在學校音樂節贏得「最佳小學高級組合唱團（香港及九龍地域）」，更在眾多小學合唱勝出隊伍中脫穎而出，獲選為「本年度最傑出港島及九龍區域小學合唱團」。

● 學校每年都舉辦遊學及參與國外交流比賽，高年級詩班於2023年7月底到東京參與「東京國際合唱大賽」，奪得13歲或以下兒童組別冠軍及金獎，成績驕人。

● 學校樂隊多次在國際及校際比賽奪金，圖為管弦樂隊。

師生同創音樂劇 深化正向價值教育

去年7月2日及3日，一連兩場的「All in ONE年度音樂會＆音樂劇」在香港理工大學賽馬會綜藝館舉行。音樂會上，音樂組的同學使出渾身解數，向觀眾展示一年來努力學習的成果。而同台上演的原創英語音樂劇《With Him》是第二齣由學校師生和校友合力編寫的原創音樂劇，同學們的精彩演出獲得觀眾一致好評。

● 音樂劇於理工大學賽馬會綜藝館公開演出，一眾演員全情投入，為觀眾帶來精彩絕倫的表演！

多元體育活動 啟發學生潛能

除音樂活動外，學校會在每級教授特色體育項目：一至三年級有花式跳繩，二年級有游泳課，三四年級教授攀石，五六年級教授閃避球和棍網球，豐富學生運動經驗。該校亦設有多元化的體育校隊及興趣班，包括足球、籃球、羽毛球、乒乓球、閃避球、田徑、泳隊、攀石、花式跳繩、網球、冰壺、藝術體操及芭蕾舞等。校隊學生積極參與各項比賽，獲得不少獎項。學校曾在東區小學乒乓球邀請賽中奪得女子組冠軍、男子組亞軍的佳績，亦在田徑、足球、游泳、閃避球等不同比賽項目中名列前茅，充分展示了學生堅毅不撓、追求卓越的精神。

● 學校在各項體藝運動有卓越的成績，亦在全港藝術體操比賽獲得多個獎項。

釋放假期空間 培養國際視野

黃校長指出，該校多年前已改以「假期任務」代替假期功課，讓學生騰出適當空間培養興趣，例如科學實驗、戶外考察、閱讀挑戰站等。該校過去每年舉辦不同主題的境外交流活動，至疫情前已累計近一百團，師生足跡遍及澳州、英國、瑞典、德國、挪威、丹麥、加拿大、英國、日本、新加坡及內地多個主要城市。疫情後，學校亦積極參與國外比賽及交流。在今年復活節假期，學校配合小六常識科「生物多樣性」主題，組織「小六沙巴生態考察之旅」，把課堂搬到海外，讓學生親身進行保育活動「種珊瑚」，實地考察原居民生活，親近大自然觀看螢火蟲等，在實踐中學習保育大自然的方法。

● 該校每年舉辦遊學活動，擴闊學生國際視野，今年小六同學更到沙巴進行生態考察。

中華基督教會基灣小學（愛蝶灣）

地址：香港筲箕灣愛信道39號
電話：2915 4140
電郵：school@ccckeiwan.edu.hk
網頁：www.ccckeiwan.edu.hk
傳真：2539 0988

學校Facebook

升小準備　統一派位　叩門必修　封面故事　專家貼士　學校資料｜香港區　學校資料｜九龍區　學校資料｜新界區

「小一入學統籌辦法」中的第一階段是「自行分配學位」，其中全港十八區的官立及資助小學的五成學額由學校自行分配。

全面了解自行分配學位

第1階段
自行分配學位

把握一個機會 不同分數策略各異

每年十一月教育局會公佈每間小學的自行分配學額，然而當「自行分配學位」階段的必收類學生超額（該校小一學額的百分之三十），則超額部份會在統一派位階段學額中扣減，所以統一派位階段時，教育局會公佈每間小學的暫定統一派位學額，家長可從這些數據得知心儀學校的學額情況。雖然未能預知未來的情況，但亦可從往年的情況作參考，以估量來年的狀況。

由於「自行分配學位」是依據分數而取錄學生，故此家長可計算一下心儀的小學，其子女根據「計分辦法準則」可獲得的總分，不同總分下應有各選校策略：

申請人 30分 或以上：
獲得該分數均被學校視為「必收生」，家長可以放膽為其子女申請該心儀學校。

申請人 25分
持二十五分的申請人，優勢較明顯，家長不妨為子女報讀最心儀的學校。如首階段未能獲派學位，家長亦可於「統一派位」階段選報同一所小學。

申請人 20分
持二十分的申請人仍有機會獲心儀學校取錄，若申請人報讀受歡迎學校，家長要有心理準備，學校或教育局可能要透過抽籤決定取錄申請人。

申請人 15分
如果心儀的小學過往幾年的學位競爭，在「自行分配學位」階段相當激烈的，或許手持二十分的申請人也要以抽籤來決定是否獲取錄，則十五分的申請人在首階段成功取得學位的機會甚微。他們以此分數報讀非常受歡迎學校（例如傳統名校、地區最受歡迎的學校），可謂「零機會」獲取錄。

申請人 10分
如果只有「適齡入學」的十分，則家長又想堅持報讀心儀學校，則可視此為「誠意分」，期望在「統一派位」階段或「叩門」面試時，能藉此提高子女入讀該校的機會率。

海都小學

海都小學的自行分配學額是80，這表示該小學總共有160個學額。

自行分配學額		「自行分配學位」的小一學額百分比		總共學額
80	÷	50%	=	160

當「自行收生」階段結束後，教育局公佈海都小學只有40個學額留給統一派位用，這表示該小學已錄取和預留學額共120個，即是海都小學在「自行收生」階段競爭激烈。

總共學額		統一派位學額		已取錄和預留學額
160	—	40	=	120

南華小學

相反，南華小學提供自行分配學額是50，即是一共有100個學額。

自行分配學額		「自行分配學位」的小一學額百分比		總共學額
50	÷	50%	=	100

「自行收生」結束後，教育局公佈還有90個學額留給統一派位用，表示南華小學只錄取和預留學額共10個，代表該小學在「自行收生」階段時，申請人數很少。

總共學額		統一派位學額		已取錄和預留學額
100	—	90	=	10

1-1-1選校法 需首階段開始

所謂的「1-1-1」選校策略，指「自行分配學位」、「統一派位」表格甲、乙部的第一志願均填寫同一所學校，因部份受歡迎學校在統一派位後會有叩門位，該些學校會視家長在三個情況下都選擇該校卻都不被錄取，是具有誠意入讀該校，所以家長在「叩門」階段到該校面試，學校將給予第一輪面試的機會。

「1-1-1」選校策略是一種家長在填寫統一派位表格時的選擇策略，目的是希望通過在甲、乙部的第一志願均填寫同一所學校，增加被該校錄取的機會。然而，家長在選擇這種策略時應該仔細考慮其他因素，如學校的教學品質、學習環境和自身的需求等，以做出最適合子女的選擇。

教養孩童高唱世界的真善美

實現夢想的一條龍校園

聖瑪加利男女英文中小學乃近年來發展最迅速學校之一，去年報考及取錄人數比率達五十三對一。該校致力融合國際學校與本地學校的優點，成效卓著。該校於2003年開辦，乃全港首間直資中小一條龍同一校舍的學校，位於西九龍深旺道南昌站對面，佔地約8萬平方尺，規模宏大，設備先進；不受學校網限制，可招收全港學生。

教師學生國際化

該校致力營造英語學習的理想環境，英語分成小組上課，提升英語成績；為了讓英語運用滲透校園生活，該校小學部之英文由外籍英語教師任教，並擁有一支國際化的教學團隊，多位外籍英語教師來自英國、美國、加拿大、南非、澳洲和紐西蘭等，除了教學團隊外，過往該校的學生有約近20%是非華籍學生，來自美國、加拿大、法國、澳洲、德國、荷蘭、瑞典、紐西蘭、星加坡、日本和韓國等，不只是教學語言，日常須用英語溝通，有助提升英語水平。該校先後獲澳洲領事、德國領事、法國副領事及西班牙駐香港文化部長親臨到訪，與一眾學生進行交流，以瞭解該校如何融合本地的優質教學。除此之外，過往本校師生及教師代表團亦與內地、世界各地姊妹校及友好教育機構等互訪，進行定期的線上/線下文化、學術及教育交流。

提供三文四語學習機會

該校重視語文教育，提供三文四語的學習機會，開創英語正音計劃：小學教英語拼音 (Phonics)；中學教國際音標法 (IPA)，培育學生自行查正英文生字發音的能力，能自信地學習英語，校長指出為了令學生無論在讀、寫、聽、說四方面都有實習的機會，舉辦多項英語活動，並特設英語校園電視台，所有早會、週會、遊藝會、運動會、畢業典禮及校內活動均由學生以英語進行，表演藝術列為必修科目，由外籍英語老師任教，並舉行周年班際英語話劇比賽。此外中文課以普通話教授，學生必須修讀一科外語，由小一開始學習四種外語，小三開始可選修日文、法文、德文或西班牙文。為了讓學生擴闊國際視野，該校與法國 Externat Saint Joseph - La Cordeille 及 Groupe Scolaire Emmanuel Cheneau - Hanches 結盟互訪，過去數年學校更資助了約 40 萬元給學生進行外訪活動，修讀外語的學生亦有機會參加每年舉行的遊學團。在2014年四月，德國領事親臨該校主持德國學校 Goethe Institut 與該校之結盟儀式，為更豐富、更多元化的外語學習及文化交流活動揭開序幕。2024年，該校學生不僅再次成功獲得德國領事館及歌德學院支持，暑假資助全部費用飛往德國當地交流，成功獲得交流全費資助的學生更達4位之多，冠絕其他申請學校。過往該校學生亦曾獲頒發獎學金往德國升學。2017年乃是該校與法國姊妹校結盟10周年，該校舉辦了一個簡單而隆重的儀式，慶祝結盟交流十載，並邀請了不同法國伙伴友好出席，其中包括大力支持有關活動之法國駐港領事。

愉快學習

校長李蘭苑一直推崇愉快學習，她了解家長夢寐以求讓孩子能在一個愉快學習的環境裡成長，並指出學校正對準這個方向發展。當踏入聖瑪加利校園，令人產生深刻的印象是一張張活潑開朗的面孔與一個個投入學習的積極態度。該校重視引導學生全情投入學校生活，建立自信，喜愛學習，喜愛上課。愉快的學習能激發學生的自發性學習，讓學生勇於探索更廣的學習領域，使其獨特的潛質得以自由發展。該校學生於 Hong Kong Young Writers Award 中表現出色，其作品更獲編入「獲獎作品詩集」中；另在「華夏盃」全國數學奧林匹克邀請賽中表現突出；曾奪得「創意思維世界賽香港區賽」冠軍，並前往美國與其他國家之代表比賽及交流，學生充份發揮其英語及數理方面的潛質，可見愉快學習對孩子的成長及學習極為重要。校方亦將STEAM教育列為全校性重點發展項目，在小學時確保每一位學生都有足夠機會學習科學、科技、工程、藝術及數學。該校更實現小班教學，初小每班人數約 22 人，初中約 29 人。

一生一體藝

該校銳意提倡一生一體藝，設才華班，讓學生充份發揮多元潛能，學生在社區及學界各項比賽中屢獲殊榮，以田徑、舞蹈、朗誦、音樂及話劇最為出色，更於2021/22，2022/23及2023/24之香港學校英語戲劇節中，連續三年從超過200間小學參賽隊伍中脫穎而出，贏得小學組之評判推介演出獎。另在學界田徑賽多個項目中均獲佳績。本校舞蹈組在學校舞蹈節中屢獲多項優等獎及編舞獎。校際朗誦節獲得多項比賽的冠、亞、季軍及優異獎狀，校際音樂節中，榮獲多項樂器比賽之冠軍及優異獎狀。學校秉承創校多年來對全人教育的重視，所以對學生在體藝方面的造詣要求甚高，不少學生獲選拔代表香港參與多項國際性賽事。隨著學校發展計劃有關體藝設施之落成及啟用，可為學生提供更多元化及豐富的學習元素，包括田徑、游泳，STEAM 教育下的體藝活動及其他學習機會。

註冊護士駐校

此外，學校聘用兩位資深註冊護士駐校，更定期舉行健康講座，跟進學生的成長問題，並與家長保持緊密聯絡，以專業意見指導學生解決成長期有關健康的問題。

積極校園、積極人生

該校校風純樸，極重視學生的品德培養，推行「積極校園、積極人生」計劃，以「訓輔合一」的精神為學生提供輔導及引導，使學生有一個健康及愉快的成長。另特設生命價值教育及正向教育課程，培養學生積極人生觀、情緒健康、溝通能力、適應力及日常基本生活技能。

專題講座

該校將於6月下旬假座聖瑪加利男女英文中小學千禧紀念禮堂舉行升小一及中一的專題講座。

詳情可瀏覽該校網址 http://www.smcesps.edu.hk 最新公佈及預留座

學校檔案

辦學宗旨 ：以基督愛心為本提供全人教育
校　監 ：伍志衡先生
校　長 ：李蘭苑女士
校　舍 ：2003年落成千禧校舍
校　址 ：西九龍深旺道33號 (港鐵東涌線 / 屯馬線 /
　　　　　西鐵線南昌站A出口對面；荃灣線長沙灣站B出口)

電　話 : 2396 6675
傳　真 : 2789 0485
網　址 : http://www.smcesps.edu.hk
電子郵箱 : enquiry@smcesps.edu.hk
學　費 : 2024-2025年度小一每期暫定為 $5,357 (十期)，有需要的學生可申請助學金。

凡公務員子弟入讀本校可向政府查詢本地教育津貼之申請資格

金錢村何東學校
Kam Tsin Village Ho Tung School

▲ 如有需要小一生可申請免費校車服務，適用於現有校車路線

童真課程 — 愉快多元學習

金錢村何東學校以「VILLAGE」為元素，建構「童真課程」：

童創藝術　V-Variety（多元）　I-Innovation（創新）
童心天地　L-Leadership（領導）
創新學習　L-Learning（學習）
明德學堂　A-Active（主動）　G-Giving（施予）
童村同樂　E-Enjoyment（享受）

童心天地
推行生命教育、班級經營、自理課和月生日會，培養學生全面成長，建立良好生關係及增加學生對學校的歸屬感。

童真課程包括：

童創藝術
透過多元化的創作活動，啓發學生的美感和創意，從而培養學生對各種事物的審美和欣賞能力，讓學生體驗不同文化藝術，陶冶學生的情意和修養。

創新學習
建立以「科」為主的學習，延伸「科」的學習，整合資源，建構校本課程，培養學生對學習的期待感。

明德學堂
透過德育及公民教育課和童心同行服務計劃，建立學生良好品德，強化學生有禮守規的行為及感恩珍惜之心。

童村同樂
舉辦不同類型的興趣班及活動，讓學生於活動中感受樂趣，並啓發學生多方面的潛能，一展所長。

（資料由學校提供）

生態校園「設施」巡禮

校園新設生態「步屋」，以濕地生態為主題，設有展覽空間，展示學生生態作品及標本。儲物室和體育室的外牆化成草原生境，融入校園環境中。學校把報廢的設備如學生枱、球類及水樽等，改變為花盆及花架，推廣「環保4R」及「可持續發展」等理念。

不同的植物旁設置童真介紹牌，介紹植物名稱外，還設有二維碼，可瀏覽植物的詳細資料。

▲花架上增設生態塗鴉，倍添生態氛圍。

充分運用校園空間

在樓梯和籃球場網架，設置童真生態牆，除了有「猜猜STEM生態謎語」，每月一猜，讓同學以不同角度，認識不同的生物外，還有「生態書籍」，向同學推介不同的生態主題圖書，豐富對生態環境和物種的認識。

AI 協助學習
增加學生學習效能 ── 擴闊國際視野

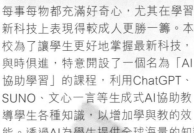

未來是屬於我們孩子的，他們對每事每物都充滿好奇心，尤其在學習新科技上表現得較成人更勝一籌。本校為了讓學生更好地掌握最新科技，與時俱進，特意開設了一個名為「AI協助學習」的課程，利用ChatGPT、SUNO、文心一言等生成式AI協助教導學生各種知識，以增加學與教的效能。透過AI為學生提供全球海量的知識，在國際化的AI回饋中提升學生外語能力，更為孩子的自主學習打下一個堅實的基礎。

金錢村何東學校
Kam Tsin Village Ho Tung School

網址：www.ktvhts.edu.hk
電話：2670 3849

本校網址　　f　　　　Ⓘ　　　　◎　　　小红书　　　♪

掌握統一派位機制
提高第一志願中獎策略

統一派位可分為甲、乙兩部分：

● 甲部：

佔統一派位學額的百分之十，為不受學校網限制的學校選擇，家長可選擇不超過三所香港任何官立或資助小學。

● 乙部：

佔統一派位學額餘下的百分之九十，有關校網的申請兒童的家長須根據其小一校網統一派位選校名單內的小學作出選擇，而家長最多可選擇三十所小學；居於內地申請兒童的家長則須根據《統一派位選校名單（居於內地申請兒童）》的小學作出選擇，應按照意願決定選校次序，填入選擇學校表格內。

第2階段 統一派位

分配學位流程

● 家長按照希望子女入讀的學校填報志願次序後，學童將獲得一個隨機編號，編號愈前，派位次序則愈前。家長無法得知子女的隨機編號，且無需擔憂是否與學童個人資料有關。

● 電腦根據申請學童的隨機編號決定分配學位的優先次序，並依次審閱申請學童在志願表中填寫的學校選擇。

● 如果在第一階段的甲部選校中獲得學位，則不會進入第二階段的乙部。

● 相反，未能在甲部選校中獲派學位的申請學童，電腦會依程序處理他們在乙部的選擇，直至每名申請兒童皆獲得分配小一學位為止。

必須留意

1. 獲直資取錄須放棄參加統一派位

● 接受直資小學的學位，不可再參加統一派位，須書面通知教育局放棄統一派位，不得再參與相關程序

● 已被私立小學取錄的學童則沒限制，家長可待統一派位結果公佈後，才決定接受私小還是官津的學位。

● 教育局在放榜前會把已獲私立小學取錄卻仍繼續參加自行分配或統一派位的學童名單，送往私立小學以供參考，部份私小會視學童為「放棄學位」，家長要留心個別學校規定。

2. 更改住址「轉網」須盡早通知

家長若更改住址須先電話聯絡學位分配組，並攜帶相關住址證明文件、入學申請表及出生證明，在統一派位前辦妥轉網手續，否則申請要待全港學生完成統一派位後才獲安排。教育局有需要會抽查進行家訪，以核實住址真偽，若虛報地址會被取消申請資格。

3. 多於一名子女可派同一學校

假如有超過一名子女同時參加統一派位，又希望能獲派同一學校，須在子女的「選擇學校表格」內，填相同選擇。電腦執行派位時，將申請學童以同一個「隨機編號」進行學位分配。

4. 所有申請人必獲派學位

統一派位的原則是確保所有申請人都能獲得學位，即使家長在填表時沒有選填某一間小學，最終也有機會被派到該小學。如果派位結果不滿意，家長應前往獲派的小學進行註冊，再帶同子女到心儀的小學叩門，如獲取錄，便可通知之前已註冊的學校，然後再到新校辦理註冊手續。

5. 只可參加一次統一派位

若今年參加統一派位而獲派學位，明年便不可參加，因為每個學童只能參加一次。除非學童因特殊原因例如需要接受長期治療而沒有註冊，才獲考慮。如果在自行分配學位階段未能獲得學位，家長可選擇放棄參加統一派位，讓子女重讀K3，於下年度再重新參加，但要留意孩子的年齡是否超出「適齡範圍」，以免得不償失。

簡單例子闡明統一派位「抽籤」機制 （只供參考）

甲部：

假設學校A屬於網內，小陳十分喜歡學校A，因此她在甲、乙兩部的第一志願均填寫學校A。由於電腦派位會先處理甲部，後再處理乙部。假設小陳在甲部第一志願未能如願入讀學校A，重複填寫間接浪費了第二志願，並不會增加錄取機會。

	隨機編號	申請人	第一志願	第二志願	第三志願	第四志願
甲部	001	小陳	A	A	C	N/A
乙部	001	小陳	A	C	B	D

乙部：

假設全港共有十名學生需要參加統一派位乙部，各間學校剩餘的學額分別是：學校A有一個學額，學校B有兩個學額，學校C有三個學額，學校D有四個學額；而學校A是最好，如此類推至學校D。電腦派位就會根據以下每名申請人的選校次序，得出派位結果。

隨機編號	申請人	第一志願	第二志願	第三志願	第四志願
001	小陳	A	D	C	B
002	小黃	A	C	A	D
003	小和	A	B	C	D
004	小香	A	A	C	D
005	小蒙	A	B	C	D
006	小茵	A	D	B	C
007	小晉	B	C	A	D
008	小高	A	C	D	B
009	小施	C	A	B	D
010	小聖	A	B	C	

小陳（001）和小黃（002）：

都是第一志願填寫學校A，而第二志願填次等學校，幸好小陳的隨機編號較小黃前，因而獲得學校A；但小黃卻要等到電腦程式處理第二志願時，才知道能否入讀學校C。

小香（004）：

以為在第二志願填寫多次學校A就能增加入讀機會，其實當第一志願落空時已意味學校A沒有學額，在之後的志願填寫也無助增加入讀機會。

小蒙（005）：

用最簡單方法，根據學校排名填寫選校次序，但在多個因素影響下，如學額數量、隨機編號、填寫策略，令她不幸地被分配至第四志願的學校D。

小晉（007）和小施（009）：

明顯是保守派，因此在第一志願時已分別獲派學校B及C。

小聖（010）：

只填寫至第三志願後就漏空，令他沒有被學校取錄。他需要等待至整個派位過程完成後，才可被電腦分配到剩餘學額的學校，然後再決定是否到心儀學校「叩門」。

填表前8大注意事項
甲部乙部選校免中伏

1 甲部一定要填滿？

✓ 可以漏空甲部第二及第三志願
✓ 只填最心儀學校，不填次選心儀學校

填滿或漏空取決於家長有多少間最心儀學校。由於統一派位是先審閱所有學生的「甲部選擇」，然後才處理「乙部選擇」，即甲部的第二和第三志願比乙部的第一志願更加優先。

填寫學校選擇時，家長應根據心儀程度填寫志願。若有三間心儀學校，應填滿三間；若只有一間心儀，則填第一志願，漏空第二和第三志願。電腦派位時，若首志願未獲派位，會考慮第二及第三志願，但獲派熱門學校機會較低。

不少家長替子女填寫統一派位選校表時，在甲部和乙部瞻前顧後，想方法增加子女獲派心儀學校的機會。家長往往在填寫甲部（不受校網限制）時，由於學校選擇多了，反而更拿不定主意，又或在跨網問題上費煞思量。現在綜合整理坊間的疑問，填表前不妨多作參考。

3 甲部是否一定要填跨網學校？

甲部不受跨網限制，因此視乎家長最心儀的學校是於網外還是網內。即使跨網獲派機會甚微，但仍然應該把握機會，因為網內學校還有乙部的機會。

如果最心儀的學校在網內，家長填表時應在甲部的第一志願填上該校，第二及第三志願「漏空」；然後在乙部的第一志願再填該校，其餘志願則開始填受歡迎程度相對較低的學校，盡量填滿，但不要重複。

2 有沒有辦法得知子女的「隨機編號」？

「隨機編號」並不是「小一入學申請編號」，而是教育局隨機分派給每一個申請統一派位的學童，並不是順序，亦不是學校派給學生，更與出生日期完全無關。

4 如何決定可以在乙部「博一博」？

✓ 如何決定可以在乙部「博一博」？
✓ 有私立學校作為後備
✓ 滿意網內其他非熱門學校

乙部的首五個志願最關鍵。一般升學專家及校長認為家長在填表時不宜太過進取，建議主力「博」首志願，第二及第三志願選擇熱門程度較低，但入讀機會較大的小學。若有私立學校作後備或對其他非熱門學校都感到滿意，可冒險放手一搏。否則不要心存僥倖。

5 如何增加在乙部獲派首三志願的機會率？

✓ 第一志願填一綫學校，第二和第三志願填二綫及三綫學校
✓ 只填滿自己心儀學校

「乙一」填入喜愛學校後，應謹慎安排第二及第三志願。可將他人的第四和第五志願放在自己的第二和第三位，便較穩妥。若競爭激烈，可考慮將第二及第三志願順降一級，增加入讀機會。

6 乙部一定要填滿三十間學校？

雖然乙部可以填寫三十間學校，但許多校網選擇有限。只不過，若家長只填寫寥寥數個，便大機會需等派位完成才分配到有剩餘學額的學校。

是否填滿，視乎家長想子女的命運掌握在自己手上，還是由電腦決定。家長花多一點時間了解網內學校，要把所有機會填滿並不難。如可考慮校園環境、交通成本等。

7 「1-1-1」策略是否必須？

填表攻略「1-1-1」指自行分配學位、統一派位表格的甲乙部首志願均為同一所學校，是一個較穩陣的策略，尤其是名校特別看重，展現家長安排子女入學的誠意，有助未來「叩門」。若甲部填了網外學校，未能滿足「1-1-1」，也不必擔心，學校了解「1-1-0」是因環境而非誠意，所以仍有機會。

8 如何了解學校是否適合子女？

家長應該多了解所屬校網的小學，因小學和幼稚園有很大不同，需要仔細比較才能知道是否適合子女。例如親身體驗也可能改變對學校的看法。

除了別人的口碑、出席校友分享會等，建議家長帶同子女參加學校的開放日和參觀活動，留意子女的投入程度，並直接問問他們對學校的看法。家長亦可透過課堂參觀，觀察老師的教學方式和上課氣氛。此外，查看學校網頁介紹、發展計劃和年度報告，以及觀看活動照片等，了解學校着重學生哪些方面的發展。

綜合填表策略兩步曲

要是家長有心儀的學校，統一派位填表的策略可留意下列兩點：

1. 心儀小學在校網外

家長可以在甲部第一志願選擇該校，甲部第二志願則填網內最心儀小學，再在乙部首志願再填該校，這樣就可以同時揀選網外和網內最心儀的小學。

2. 心儀小學在網內

若在「自行分配學位」失手後，可在乙部首志願填該校。若非入不可，亦可在甲部填該校，並甲部的第二及第三志願懸空，再在乙部首志願填該校，以避免誤入甲部第二或第三志願，失去乙部隨機派位的機會。

香港仔聖伯多祿天主教小學（港天）作為天主教學校，以基督為中心，讓小朋友在6年的小學生涯中能認識天主，明白自己是天主好兒女的身份，了解生命的意義以度過豐盛人生；同時透過校本課程讓小朋友培養良好生活習慣與技能，打好知識基礎，培養正確價值觀與積極人生觀，成為守法、具責任感的世界公民，進而成為社會未來領袖，對家庭、社會、國家以至世界有所貢獻。

● 「港天」因材施教，學生樂於服務。

香港仔聖伯多祿天主教小學
多元整合 為小朋友制定個人化教育

多元整合 以個人特質制定教育策略
培育小朋友

侯麗珊校長表示，社會對小朋友各方面的能力要求已提高，相比傳統操練為主的教育方式，學校會配合教育趨勢及小朋友發展的需要來制定策略。「特別在疫情過後，數碼學習能力越見重要，課本適性化的課程更能照顧小朋友的差異，因此去年開始學校主力發展小朋友數碼學習能力。今年則因應國策加入環境教育議題，如全球暖化對環境的影響、碳中和的概念等，藉此發展小朋友的探究能力，讓教育與生活息息相關。」

此外，學校藉主保聖人聖伯多祿的英文名字「PETER」作為成功素質，當中包括（Positive正面積極、Excellent追求卓越、Tough堅強勇毅、Energetic充滿活力及Reflective勇於自省）。在聖經裏，聖伯多祿曾有過魯莽、不信任耶穌的時候，但因為有這些成功的素質，最終成為第一任教宗。而港天推出St. Peter's Passport獎勵計劃，便是透過將一些目標化為獎勵計劃，讓小朋友培養良好的人格素質。

強化家校合作
讓家長參與教育

侯校長相信，為孩子提供良好的教育需要家校互相配合，才能發揮最大功效。「學校透過MBTI人格測試讓小朋友了解自己的特質，協助小朋友尋找適合的路向。學校亦會採取適合該小朋友學習風格的策略因材施教，可以更科學化的方式培育小朋友，讓教育展現最大成效；同時推出親子生涯規劃手冊，在小朋友追求夢想的同時，亦可培育、強化各種所需的素質；家長亦可寫下回饋給予小朋友信心與鼓勵，因此亦得到家長的正面評價。

另外，港天以多元化、系統化的「家長學堂」，推廣家長教育，提供多元化活動予家長。今年推行的「A＋家長

● 「吾蘭復種」蘭花牆讓學生減壓。

2022-2023可持續發展學校獎勵計劃暨「走塑」校園計劃頒獎典禮

●學校積極參與對外活動，亦獲獎無數。

●籌辦「南區龍文化教育薈萃—龍的書法」活動，推動中華文化學習。

●奪得港島西區女子排球比賽十連冠。

●智能溫室。

教育獎勵計劃」，更可讓家長參與學校教育活動，如化身成「故事姨姨」於校園電視台向小朋友分享小故事；由家長設計及主持攤位活動與小朋友互動；組織「關愛隊」義工團隊回饋社會等。

善用學校資源
發展多元教育 緊貼生活

今年，港天連續第二年參與「賽馬會家校睇現可持續發展目標計劃」，利用賽馬會提供的平台，讓小朋友在家可以體驗可持續發展生活模式，並提供相應的獎勵；另參與機電署的「採電學社」計劃，於學校天台安裝由永旺百貨捐贈，以及由機電署提供的太陽能板，讓小朋友認識再生能源。

港天為香港少數於開校時已設溫室的學校，初時溫室便已有水耕活動，及種植蘭花。因為希望同學能思考及學習解決糧食短缺的問題，現時溫室已融入科技創新元素進行活化，成為智能溫室，並種植蔬菜，讓小朋友在學習環境教育的時候亦可掌握所需的科技知識。早前於疫情期間，學校更特別舉辦社區活動，將所種植的菜

送贈予老人家，期待同學將所學用來解決將來可能面對的問題，惠及更多人。

侯校長亦相當重視小朋友的身心健康：「去年農曆新年老師收集了一些被棄置的蘭花頭在校種植，讓小朋友輪流照顧，部份蘭花頭今年亦能夠重新開花，在進行生命教育之餘，亦可進行學生輔導，為小朋友建立正向思維。這些蘭花亦用作建設「蘭花牆」，作為照顧小朋友們身心健康的心靈「祿」洲。」

除了校內的各項活動，港天亦積極參與社區及聯校活動，包括天主教香港教區屬校的活動、聖伯多祿堂的活動、「南區龍文化教育薈萃」等，讓小朋友在龍年更深入認識海洋保育、詠春、龍舟等中華文化。剛剛舉辦的「龍的書法」聯校活動，由南區約2,000位小朋友一同寫書法，令學習更多元化。

facebook專頁　學校網址

地址：香港仔石排灣新邨第二期
電話：2873 5101
傳真：2873 5100
電郵：info@aspcps.edu.hk

鼓勵培養學生社交能力

關注課外活動參與表現

叩門如何取得成功 校長親授提示竅門

小一統一派位結果於六月初公佈，對未能獲派首三志願小學的學生及家長來說，放榜後向學校叩門，是他們踏入心儀學校的最後機會。於是請來小學校長現身說法，親自講解叩門模式及收生準則，分享面試加分貼士。

陳瑞祺（喇沙）小學是在 34 校網中有名的天主教小學。學校以卓越的學業成績和優良的校風聞名，對學生的品學要求嚴格，並致力於培養學生終身學習的態度。鄔淑賢校長表示在叩門之前，家長要提前搜集相關資料，並列出心儀學校的排序。在自行分配學位申請階段，家長需要根據自己所在地區和可能的選擇，進行篩選和排序。這個階段需要考慮學校的辦學品質、口碑、教與學的成效以及校風等因素。同時，要考慮適合學生的因素，例如能力、個性、特殊支援需求以及健康狀況等。家長需要根據這些因素做出合適的選擇和排序，為後續的叩門做好準備。

■培養學生在參與各樣活動時不斷嘗試和探索，使在未來學習和生活中更具競爭力。

■注重培養孩子的不同能力，包括良好的社交能力。

■鼓勵學生積極參與課外活動，培養綜合素質和團隊合作精神。

貼士

選擇合適學校 做好面試準備

鄔校長寄語選擇合適的學校是一個重要的決策，需要家長和學生共同參與。家長應該根據學生的需求和家庭情況，仔細考慮各種因素，並做出明智的選擇；同時，了解學校的叩門要求和流程，包括面試等。家長應該確保學生在這些方面有所準備，以提高叩門成功的機會。另外，與其他家長交流學校的經驗和意見，可以獲得更多的信息和建議。這些寶貴的意見可以幫助家長做出更全面的判斷。

■鄔淑賢校長表示選擇叩門學校需要家長和學生共同參與，以及了解清楚學校背景。

家長要好好為子女準備叩門面試，鄔校長提出三大重點

重點1： 如果家長在平日對學生的紀律不重視，在面試中就可能導致失分。因面試會觀察學生和家長的態度、自律程度、溝通能力以及與同齡人相處的表現。

重點2： 家長應該在平時注重培養孩子的不同能力，這樣在面試和交流中，應展示良好的社交能力，包括與他人合作、溝通和解決問題的能力。

重點3： 準備好個人檔案，需要精確簡潔，確保學生具備學校的學術要求。家長亦要鼓勵學生積極參與課外活動，培養綜合素質和團隊合作精神。

■為學習能力高的學生提供課後培訓，激發能力稍遜學生提供適合他們程度的額外支援。

■不斷嘗試的學習環境，讓學生於課程學習如何正確溝通。

■培養學生多方面的才能，盡展所長。

叩門時需慎重考慮
家長合作潛力成得分關鍵

培基小學在沙田區 91 校網中是一所備受家長青睞的一線小學，這歸因於學校具備優良的課程、教學策略和語言環境。黃清江校長特別關注學生的成長經歷和家庭教育，並於近午積極發展德育和資訊科技，全方位提升學生的思維能力和學習興趣。

不同學校對於叩門收生的要求各有不同，在面試時家長需要特別留意學校的要求，以避免失分的情況發生。培基小學的數學和科學科目以英語輔助授課，而中文科目則以普通話授課，着重培養學生的兩文三語能力。黃校長表示：「老師在面試中會用兩種語言提問，測試孩子的語言能力。除了日常生活的話題外，也會討論思考性的題目，以觀察他們的解難思維能力。」

黃校長指出，學校希望透過不同面試形式來觀察孩子的基本禮貌，例如是否有禮、合群、不怕陌生。學校亦會和家長逐一會面，了解他們對該校的期望，學校希望選擇自覺性強的學生，包括與家長一起面試的表現，因為有些小朋友面試時會依賴爸媽身上，並在交流過程中評估家長是否有時間和能力參與家校合作，例如以往參與孩子義工服務的證書，這樣可以讓學校知道家長對於學校活動和社區參與的興趣，並加強家校之間的連結。

貼士

突顯小朋友專長
提升申請成功機會

培基小學持續發展資優教育，在各科目中融入高層次思維能力的學習策略，並重視孩子在非學術層面的表現。黃校長指出，由於叩門學校在程序上相對複雜且繁忙，無法詳細瞭解每個小朋友的個人檔案，家長在個人資料應以兩至三頁為主，利用不同顏色、符號、圖片或二維碼，讓學校可以快速地瞭解小朋友各項專長。學校都會與小朋友進行面試，家長可以提早準備，於學校網頁瀏覽學校發展重點和辦學宗旨，從而預期學校會向小朋友提出的問題。例如學校注重科技，透過編程教學及 AR 視鏡加入虛擬實境活動，家長可以從這方面做重點了解，以幫助提升孩子的計算思維能力和學習興趣來應對面試。

■培基小學黃清江校長表示家長可以提早準備，瀏覽所屬學校的叩門資料。

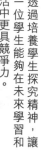
■透過培養學生探究精神，讓每一位學生能夠在未來學習和生活中更具競爭力。

路德會聖十架學校的校訓是「耶穌乃主，十架為榮」，學校以「一切為孩子」為信念栽培孩子。聖十架學校不但重視孩子們的學業成績，更看重孩子們的身心靈發展。學校在各方面均不斷發展，嚴謹而樸素的校風、注重學生品行成績、表現傑出的課外活動、融洽的師生關係及多姿采的校園生活，深得區內外家長認同。學校以基督化教育教導孩子，春風化雨，作育英才。

路德會聖十架學校

立足香港·背靠祖國·聯通世界
培育優秀孩子

聖十架學校王淑芬校長於2023年獲頒授行政長官社區服務獎狀，並獲特區政府委任為第七屆荃灣區議會議員。區議員的身份為學生爭取更多資源和在社區實踐的機會，豐富學生的學習體驗。學校兩次參加香港教育工作者聯會主辦的優秀教師選舉，於第16屆國情教育組及教育管理組獲獎；並於第18屆再獲國情教育組獎項，可見聖十架團隊擁有卓越的教學表現。教育局於2024年3月到校進行校外評核，更是對學校各方面高度評價，十分欣賞學生樸實受教、知禮守規，學校活動繽紛，歡樂處處，關愛文化濃厚，校園推動國民教育氣氛，成效卓越，學生相處融洽、師生關係良好，並讚賞學校團隊關係融洽，領導層具前瞻的視野。

聖十架學校致力為學生提供愉快的學習環境。學校安排學生上午學習學科知識；下午進行多元化活動及功課輔導，每天設100分鐘小息及午膳時間，讓學生舒展身心，期望每位小朋友「開開心心地上學，快快樂樂地回家」，擁抱快樂童年。學校在來年將會有新突破，每循環周增加一節體育課，加入舞蹈課程，提供更多的運動機會，照顧學生身心靈發展，減輕學習壓力和焦慮。

■2024-2025年度時間表示例

■學校課程圖

大灣區9+2姊妹學校締結計劃

為推動粵港澳三地教育專業交流，聖十架學校於2018年至2023年間與大灣區不同學校進行締結，實行「大灣區9+2姊妹學校締結計劃」，是香港首間與9個大灣區都締結姊妹學校的小學。姊妹學校包括：深圳市福田區景鵬小學、惠州市惠陽區半島學校、佛山市南海區廣石實驗學校（原名：佛山市石門實驗中學附屬小學）、東莞市大嶺山金鑰匙學校、廣州市越秀區育才學校、肇慶中學附屬小學、江門市江海區江門一中附屬小學、珠海市香洲區壯志學校、中山市小欖鎮勝龍小學及澳門中德學校。他們在學校管理及教師專業層面上進行經驗分享等交流活動；在學生學習層面上，將透過課堂學習、參觀、文化體藝活動、新興運動等，增加雙方學生對兩地文化及社會發展的認識。學校更籌劃與姊妹學校共同舉辦聯校運動會，增強姊妹學校間的溝通，亦培養學生團隊精神。

請掃瞄QRcode觀看文章：
〈她是一朵優雅美麗的紫荊花——著名內地教育評論專家郭其俊評香港路德會聖十架學校校長王淑芬〉著名內地教育評論專家郭其俊只評論過三位香港人士，包括教育局局長蔡若蓮博士

■全體老師到佛山市南海區廣石實驗學校參觀交流

芬蘭式教育

聖十架學校於2018年6月到芬蘭交流後，把芬蘭教育元素帶回學校，包括：尊重教師專業、家長教育、簡單、平等、以人為本、自主式學習、動手做、Less is More以及多元化活動。

學校自第一次芬蘭交流後率先引入芬蘭琴和軟式曲棍球，讓每個學生都能體驗芬蘭教育元素，更組成軟式曲棍球校隊、家長隊及教師隊，除了在香港參加公開比賽，2019年7月到上海參與全國冠軍賽，成績驕人；同年9月前往芬蘭與當地的隊伍進行校際賽；學校更有校友入選軟式曲棍球香港代表隊。

聖十架學校亦申請退役巴士到校，把巴士改建成具芬蘭特色的多用途學習設施，實踐芬蘭式的共享空間理念，豐富孩子們學習元素，使孩子們能擁有更多化的學習體驗。

學校更引入班本教師的理念，在2020/21年度開始，實行小一班本教師，小一課室重新佈置，配合靈活的課堂學習活動，而大部份的課堂都由班主任老師上課，使班主任老師更了解孩子的學習和成長進度，靈活地運用課時，全面地照顧孩子的需要，讓小一的孩子能愉快地適應小學生活。

■聖十架校隊在「2024全港軟式曲棍球小學學界錦標賽」，於男子初級組勇奪冠軍

培育正確價值觀和態度

■透過高展示讓學生學習正確價值觀

教育局在《價值觀課程架構》發佈了要優化「首要培育學生的價值觀和態度」內容的十二個首要的價值觀和態度，包括：「堅毅」、「尊重他人」、「責任感」、「國民身份認同」、「承擔精神」、「誠信」、「仁愛」、「守法」、「同理心」、「勤勞」、「孝親」及「團結」。學校因此針對十二個價值觀修訂課程及設計活動，從多方面培養學生正確的價值觀。

境外交流

聖十架學校為學生提供多元化活動及學習經歷，增加課外學習的機會，鼓勵孩子多參與國際考試及境外交流，擴闊視野。學校舉辦多次的境外學習活動，踏足世界，到訪不同的國家或地區，讓同學們走出課室，認識世界不地方的風土人情及文化，開闊眼界。老師們亦能借鏡外國的教育模式，促進專業交流，提升學與教的效能。學校安排學生到訪新西蘭、芬蘭、英國、新加坡、日本、北京、上海、杭州、深圳等，讓孩子們更了解世界的發展，具國際視野。

■參觀芬蘭赫爾辛基大教堂

第二課室 ─ 香港故宮文化博物館

為加強學生國家觀念及承傳中華文化以培養愛國情操，聖十架學校設計校本中國歷史及文化課程（CHARM），糅合了中國歷史、非物質文化遺產以及STEAM元素，希望學生能學習中國歷史及文化。學校多次帶領老師、家長、學生到香港故宮文化博物館參觀學習，以香港故宮文化博物館作為第二課堂，加強老師、家長、學生對我國歷史的認識及國民身份認同。此外，學生在參觀的同時，亦拍攝了介紹故宮展品的影片，讓在校的所有學生也能欣賞中華文化瑰寶。

■多與小朋友參與一些體力活動，如騎單車、滾軸溜冰等，放鬆身心，懂得適應周邊環境。

迎接升小挑戰
臨床心理學博士教授幼童適應關鍵

對於幼稚園畢業生來說，升上小學是一個充滿挑戰的時刻。這段過程不僅對幼童而言具有挑戰性，對家長來說也是一項考驗。幼童升小後可能會面臨各種壓力，影響到他們的情緒和心理健康。因此，在開始小學生活之際，家長的支持和引導就顯得尤為重要。透過適當的準備和支持，可以幫助他們順利適應新的學習環境，建立自信心，培養良好的學習和生活習慣，並有效地應對各種挑戰。

培 養抗壓能力 有助面對挑戰

為了讓幼童順利適應新的學習環境，家長在幼童升小一時需特別留意他們可能面臨的情緒和行為改變。我們邀請了臨床心理學家及註冊遊戲治療師梁重皿博士來分享意見。

梁博士指出，小學和幼稚園有很多不同之處，包括學習環境、教學方式、評估方式等，這可能會影響幼童的適應能力。因此，在幼童升學後的頭1至3個月，家長應留意他們的適應情況，特別是情緒反應，如焦慮和情緒不穩定。有些幼童可能因為適應困難而表現出退縮行為，如尿床或情緒抑鬱。梁博士建議，家長應給予幼童足夠的時間去適應新環境，如有持續的情緒或行為問題，可以考慮尋求專業人士的協助。

為了讓幼童在成長過程中健康快樂地發展，梁博士表示家長應該避免過度關注學業成績，而應更關心幼童的日常生活和情感需求。過度保護可能會限制幼童學習的機會，因此讓他們有自主權並學習處理問題的能力，是培養他們抗壓能力的關鍵。這樣的教育方式不僅可以幫助幼童在學業上取得成功，還可以幫助他們建立積極的人生態度，面對未來的挑戰。

■臨床心理學家及註冊遊戲治療師梁重皿博士

多 接觸人和物增強適應力

■臨床心理學
博士呂錦英

臨床心理學博士呂錦英表示，在升學前應該開始幫助幼童接觸新事物，例如在升讀前帶他們到不同的超市、快餐店等，讓他們接觸更多不同的人，有助提升他們的適應能力。幼童在升學後將面臨許多新的挑戰和環境，因此提前培養適應能力非常重要。呂博士亦提醒家長，在幫助幼童適應新環境時應該適度，不要過於激勵，讓他們有足夠的時間和空間去適應。

呂博士建議，在幼童還未上小學之前，可以讓他們參與一些體力活動，如騎單車、滾軸溜冰等，這對於小腦的平衡能力非常有用。同時，遊戲中出汗有助於減輕幼童的壓力，可以促使副交感神經的活動，也使他們在晚上更容易入睡。因此，父母應該鼓勵他們多參與體力活動，並在適當的情況下提供支持和引導。這不僅有助於他們的身心健康，還可以建立良好的親子關係。

除了參與體力活動外，充足的睡眠對於幼童的全腦發展也至關重要。幼童每晚保持 8 至 9 小時的睡眠時間，以確保身心得到充份的休息和恢復。睡眠不足不僅會影響幼童的注意力和記憶力，還可能導致情緒不穩定和行為問題。因此，家長應協助他們建立良好的睡眠習慣，確保有足夠的睡眠時間。

■幼童晚保持 8 至 9 小時的睡眠時間，以確保身心得到充份的休息和恢復。

■設不同的講座分享，提升家長對幼童的認識，並提供支持和引導。

■梁博士不時舉辦講座分享，提供實用的建議和技巧。

■在過渡期間幫助幼童適應小學生活，如在學業上給予幼童支持等。

以下是總括了專家建議，幫助孩子適應升讀小一：

應做的事情：✓

心理準備： 提前為幼童應對可能的挑戰或壓力做好心理準備，例如參觀學校。

角色扮演： 在家中進行一些角色扮演，讓孩子提早習慣學校生活。

放鬆練習： 教導幼童一些放鬆的方法，例如深呼吸、按摩等。

關注情緒： 聆聽幼童的感受，並給予支持和理解，幫助他們調整情緒。

提供支持： 在學業和生活上給予幼童支持，不要過度關注成績等事項。

不應做的事情：✗

過度擔心： 不要過度擔心幼童的適應能力，要讓他們有自己的空間和發展。

過度比較： 不要把自己的幼童與其他幼童過度比較。

過度干涉： 不要過度干涉幼童的學習和生活，要給予他們足夠的自主權。

忽視情緒： 不要忽視幼童的情緒，要聆聽他們的感受並給予適當的支持。

升小準備 統一派位 叩門必修 封面故事 專家貼士 學校資料 香港區 學校資料 九龍區 學校資料 新界區

■通德學校借鏡芬蘭的教育，於2019年正式推行「森林課程」，讓學生從生活體驗中愉快學習。

踏入人工智能時代，再非只追求學術成績，反而着重啟發學生潛能的小學愈來愈受家長重視。其中源自於外國的多元有趣教學方法，讓孩子在愉快的學習環境中培養出對學習的興趣繼而做到「主動學習」。像通德學校便借鏡於芬蘭盛行的「森林課程」，憑着地理位置上的優勢，成功將「大自然」、「快樂」融入於教學，打破了傳統學校的既定模式，實行以生活體驗助學生累積豐富知識。

憑地理優勢貫徹「森林課程」

通德學校借鏡芬蘭教育
實踐足印累積知識

■「森林課程」為各年級的學生加入不同元素，例如學攀樹、起爐生火、耕種、划獨木舟和露營等，讓他們學習大自然的知識。

通德學校位於新界錦田，其七彩繽紛的校舍以平房形式設計，佔地約4,000平方米。校內除了普通課室之外，近年還新設了8間多用途活動室，包括STEAM ROOM、視藝室、輔導室、卡拉OK室等，而在四合院式校舍內則藏有花圃溫室及爬蟲養育室。

通德學校的「森林課程」於2018年引入，並在2019年開始推行，目的是利用大自然環境中的一切來教授知識並應用在學術科目之上，加上學校四面環山，與大自然自然地融和一體。

校長黃偉立於該校工作十多年，於2017年升任校長。能夠成功推動「Happy School」和「森林課程」，黃校長居功至偉。他表示：「在早年，我和其他學校的校長到芬蘭視察當地的教育文化，當中最深刻就是他們的『森林教育』。着重於戶外體驗，從中啟發孩子的自發性和解難能力。這一點正適合我們通德學校。」

■藝術科會教授製作陶泥製品、攝影、水墨畫；音樂科則會教授手鐘等。

■學校舊圖書館地方細小，難以同時容納6位以上學生，排除萬難終於引入退役巴士，並改裝成「巴士圖書館」。

多元學習加深知識記憶
培育勇於嘗試及解難能力

「森林課程」以愉快的學習環境令學生養成「自主學習」，並鼓勵學生在不同的環境中發掘出解難方法，培養出面對挑戰、勇於嘗試的能力。「森林課程」內容非常廣泛，不同的年級各有體驗，已先後舉辦過查閱地圖、使用指南針、簡單急救、於郊野學習煮食、濾水等，學生更曾體驗划獨木舟、利用膠桶及竹枝自製竹筏，甚至挑戰治繩下降等活動。黃偉立校長說：「在課本上能夠吸收的知識是很單向，亦很乏味。但『森林課程』可以很多元，例如行山活動，除了可以認識大自然不同的物種之外，還可以請同學事前製作指南針、學習看地圖，而事後亦需要撰寫後記，提高寫作的趣味性等。這種種都可以透過學生動手參與來加深學習知識的記憶。」

「啟發潛能課」
發掘學生學習興趣

通德學校的「啟發潛能課」同樣能夠為學生提供很多不同的學習機會和嘗試。例如體育課會聘用不同的教練來教授一些特別的體育運動，例如滑板、滾軸溜冰、躲避盤、中國舞、霹靂舞等等；藝術科會教授製作陶泥製品、攝影、水墨畫；音樂科則會教授手鐘等。

■攀樹運動可鍛鍊學生體力和毅力，從失敗中學習成功。

■「啟發潛能課」為學生提供很多學習機會和嘗試，例如滑板、滾軸溜冰、躲避盤、中國舞、霹靂舞等等。

■黃校長指，學校盡量安排不同的外出活動予不同年級的學生，例如之前有乘風航，參與的學生都克服恐懼，全跳進海中。

通德學校

地址：錦田錦田公路錦田城門新村通德學校

電話：2476 1101

網址：http://www.ttsch.edu.hk/

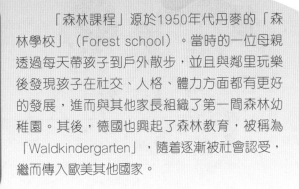

「森林課程」源於1950年代丹麥的「森林學校」（Forest school）。當時的一位母親透過每天帶孩子到戶外散步，並且與鄰里玩樂後發現孩子在社交、人格、體力方面都有更好的發展，進而與其他家長組織了第一間森林幼稚園。其後，德國也興起了森林教育，被稱為「Waldkindergarten」，隨着逐漸被社會認受，繼而傳入歐美其他國家。

升小準備 統一派位 叩門必修 封面故事 專家貼士 香港區 學校資料 九龍區 學校資料 新界區 學校資料

■將軍澳循道衛理小學校長林德育被喻為「非一般校長」，他希望學生做到「既讀得，又玩得」。

除了上課要專心，一個愉快而輕鬆的學習環境同樣可提升學生的學習效率，更可讓他們發掘到自己的興趣和潛能。將軍澳循道衛理小學（將循）早於2016年革新上課時間表，編出一個可讓學生「早上集中上課、下午愉快遊戲」的學習時程，讓他們從愉快學習中成長。

玩得聰明、讀得有趣

將軍澳循道衛理小學
「全日制」優勢 編織開心時間表

■多元智能課程除了知識，更可從玩樂中學習與人相處的技巧。

三大要素打造快樂校園

林德育是將軍澳循道衛理小學的校長，基層出身的成長經歷令他有所體會。他認為，孩子不用樣樣都懂，愉快學習可提升學生的學習動機、興趣及豐富他們的學習經歷。在玩樂中，孩子們還能夠發揮出自己的創意，並學會如何明辨是非。

因此，林校長所倡導的是一種全新學習方式，旨在鼓勵學生們在勤奮學習的同時，也要懂得如何放鬆和享受生活。為了將校園打造成一個快樂的天堂，林校長曾提出三個關鍵因素：第一是「人」，與人建立的良好關系；第二是「過程」，在學習過程中，學生認清能力所在，以及他們的參與度有多深；第三是「環境」，即學校特別設計的環境和設施，讓同學們享受到學習的樂趣。

■在「OLE」時段，學校會設置六個課外活動範疇，各年級皆有不同的主題活動，讓每一個學生在六年的小學生活內，能經歷多達三十多種不同的主題活動體驗。

善用全日制學時
為學生締造快樂童年

將循在時間表上重新編排，每逢星期四和星期五分別增設了「OLE」（Other learning Experience）及「Joyful Friday」時段。「OLE」可讓學生於下午課堂時間參加如STEAM、體藝及文化欣賞等全方位學習活動，並學會生活自理、發展興趣；「JOYFUL FRIDAY」則逢星期五下午全面開放校園，與家長聯手設置不同活動攤位供學生自由參與，讓學生獲得多元活動的學習體驗。

林校長認為，有些學生天生就非常擅長學習，這部份學生應該繼續保持他們的學習熱情，但同時也要學會如何平衡學習與娛樂。因為在玩耍的過程中，學生們能夠學會許多人生的素養，比如如何與他人合作、如何進行交流溝通。林校長說：「學校所舉辦的『JOYFUL FRIDAY』及『OLE』當中有不同的活動，我們期望這些不同的活動能讓學生感到學習是開心的，校園的生活是開心的。透過這兩個時段，讓學生接觸不同方面的課外活動，發展多元智能，例如：體育、藝術、音樂等。」

■學生十分喜愛新時表間的安排，踩單車、烹飪活動均深受學生歡迎。

增設「睡覺堂」紓緩學習壓力
恢復上堂注意力

有研究顯示，充足的睡眠可有助鞏固記憶和提升認知功能，學生在進行短暫的小憩或午休過後，可以幫助他們恢復注意力，提高課堂的學習效率。因此，除了多元的智能課程，將循還在「Joyful Friday」內增設學生「睡覺堂」，讓他們恢復精力。林校長表示：「長期睡眠不足會導致學生衍生健康問題，包括免疫力下降、情緒波動和慢性疲勞。『睡覺堂』可以為學生提供一個補充睡眠的機會，有助於維持他們的身體健康和情緒穩定。」

■逢星期五下午舉行的「JOYFUL FRIDAY」將開放校園，家長、老師共同設置不同的活動攤位，供學生自由參與，體驗不同學習活動。

■「Joyful Friday」內增設學生「睡覺堂」，有助他們身心發展。

將軍澳循道衛理小學
地址：將軍澳唐俊街15號
電話：2706 0770
網址：https://www.tkompls.edu.hk/

■啟基學校（港島）重視每一個小孩，着重發揮學生的潛質與才能。鄭惠琪校長及其教學團隊以「提供優質教育，照顧全人發展」為教學宗旨。

「Happy School」理念並不局限於「減少功課」和「增加遊戲」，雖然這些措施可為學生帶來快樂和放鬆，但一個快樂的學習環境，還包含了更廣泛的定義，如積極的師生關係、具意義的學習過程、全面發展潛能的機會等等，這都能促進學生的身心整體的成長，達至全人發展。

實踐另類Happy School理念

啟基學校（港島）
包容多元培養學生全方位技能

■啟基學校（港島）的老師可以用「夾公仔機」遊戲作為獎勵機制，鼓勵學生完成作業、提高考試成績或參與課外活動，從而激勵他們的積極性和投入度。

啟基學校（港島）校長鄭惠琪認為「Happy School」理念並非減省功課或測驗、考試，反之，功課不需要多，但功課可讓學生培養一定的責任感。鄭校長表示：「給予學生基本功課是有需要的，所以我不贊成完全沒有功課。其次是，功課和考試可以培養他們的責任感，然而功課不用多，也不應機械式操練，所以我們學校的老師會很用心設計一些生動有趣的功課，提升學習趣味，這是我們啟基（港島）的『Happy Learning』。」

師生互相尊重
打造多元包容學習環境

師生之間能夠互相尊重和理解，可以營造一個具有支持性和鼓勵性的學習環境。鄭惠琪校長認為，健康的校園文化就是要努力建立一個包容、多元和的學習環境，讓所有學生都感到被接納和尊重。「過去的農曆年假期前，我曾在早會上向全校同學發問過一個問題，『你們有甚麼新年願望呀？』，我很記得其中一個小二年級的學生毫不忌諱地向數百人說出了其願望：『我希望新年假期沒有功課』，在其他同學、家長眼中，這個願望可能妙想天開，但至少該位小二同學勇於發言、表達自己。所以我也聽取了意見，未至於完全沒有功課，但與老師商量過後，功課數量也大幅減少，學生也開心過年。」

■ 通過劍擊訓練和比賽，學生可以學到如何面對挑戰和克服困難，這有助於建立自信心。

啟基學校（港島）特別在音體藝方面設計了專屬的校本課程，音樂方面主力推廣手鐘，體育科教授劍擊，視藝科則教油畫。

超越傳統體育課
多元智能塑造學生技能

■ 透過多元智能課程，啟基學校（港島）致力啟發學生的潛能、強化學生的學習基礎。

啟基學校（港島）一直致力啟發學生的潛能、強化學生的學習基礎。為了豐富體育課程的多樣性，他們增設了幾門校本課程，包括劍擊課、跳繩課和地壺球課。鄭校長表示：「每星期的校本體育課中，全校各年級的學生已引入了劍擊課程，透過外聘教練團隊的專業指導，學生於整個小學生涯都可以學習到不同的劍擊技巧，而在學期結束時，體育科老師和教練會安排所有學生進行技能測試，並有機會參與校內劍擊年終賽，表現優秀的學生更會獲邀加入校隊訓練，參加校外學界比賽。」

■ 學習語文已不再只是坐定定看書、寫字、聽故事，還可以「身體力行」，啟基學校（港島）使將話劇放入中英文課堂中，成為同學的必修課。

■ 地壺球可提高學生的精準度、策略思維、專注力、溝通能力、團隊合作精神、禮儀和逆境智能。

在漫長的學習生涯裏，要學生培育出主動、持續學習的習慣，除營造一個愉快的學習環境，為學生贏取「成功感」也是相當重要的因素。東華三院鄧肇堅小學的辦學理念於區內甚獲家長歡迎和讚賞，校方認為，學生的學習不應該只是為了考試和成績，更重要的是讓他們在愉快的環境中成長，發展他們的興趣和才能，讓他們在未來的生活中更具自信。

■東華三院鄧肇堅小學校長鍾家明表示，希望學生有一個愉快的童年，能開心學習及發揮所長。

成功感開發學生專長

東華三院鄧肇堅小學鍾家明校長：學校是助學生成功的舞台

東華三院鄧肇堅小學位於屯門安定邨，創校至今已逾40年歷史，雖然該校的校舍沿用舊式的標準設計，但隨着改善工程進行，不但加建了新座大樓，內裏還新設不同的教學設備，例如STEAM實驗室、電腦室、「Pet Home」等，至今已成為一間甚具特色的校園。

多領域發展 告別枯燥學習

為了讓學生愉快學習，東華三院鄧肇堅小學採用了活動及多元化的教學方式，在課堂內，老師會特意安排多種遊戲式學習，如利用電子平台與學生互動和遊戲，非沉悶的「硬背書」。其中，STEAM、飛行課程、德育課程，以及不同活動等，都是他們所設計的多元智能課程內容之一。

東華三院鄧肇堅小學鍾家明校長表示：「學校是助學生成功的舞台，我們知道『關愛成就未來』，而我們學校願景同樣是為關愛、愉快，是一間成就學生未來的學校。此外，我們重視學生成績的同時，也着重他們的多元化發展，學生未必在學術成績上有很傑出表現，但學生一樣可各有所長，或在體育、藝術等範疇發光發熱。」

■東華三院鄧肇堅小學獲辦學團體選為IT模範學校，一直重點發展資訊科技、STEAM等課程。

■校內設有「PET HOME」室，透過照顧動物讓學生可學習尊重生命、關愛和同理心。

建造「PET HOME」培育同理心

「全人發展」亦是東華三院鄧肇堅小學的教學目標，校方為了加強學生對生命的尊重和關愛，特別設立了一個「PET HOME」課室。這個特別空間不僅是一個動物收容所，也可替學生進行生命教育。「PET HOME」之內，學校收容了兩隻曾經遭受遺棄的兔子，小動物得到學校的細心照料，並由全校學生共同參與投票決定了牠們的名字，舉措不僅讓兔子們得到了新家庭，也讓學生們感受到參與和責任的重要性。

■「家長學堂」為家長們提供一個學習和成長的平台，讓他們能夠更加深入地了解孩子的成長需求和學習過程。

家長學堂促進家校合作

在當今社會當中，關愛文化不僅局限於學校與學生本身，更重要是需要擴展到家長層面。為了將關愛宣揚、促進家校合作，東華三院鄧肇堅小學特別推出「家長學堂」，目的是提供給家長們一個學習和成長的平台，讓他們能夠更加深入地了解孩子的成長需求和學習過程。

透過「家長學堂」，家長不僅能夠學習實用的育兒知識和技能，還能夠更好地理解學校的教育理念和方法，從而在家庭教育中與學校形成良好的互動和合作。這種家校合作的深化，無疑將為孩子的全面發展提供更加堅實的支持。

■東華三院鄧肇堅小學的東方舞屢獲獎項，高級組曾於第60屆學校舞蹈節獲得甲級獎。

■東華三院鄧肇堅小學多元智能課程內容廣泛，有舞蹈、弦樂、管樂、足球等百多種選擇。

■東華三院鄧肇堅小學的足球隊曾贏得多個獎項，包括參加東華三院辦學團體的「有品足球」，男女子隊均多次獲獎。

升小準備 統一派位 叩門必修 封面故事 專家貼士 香港區 學校資料 九龍區 學校資料 新界區 學校資料

分區	中西區	中西區	中西區	中西區
學校名稱	聖公會聖彼得小學	天主教總堂區學校	中西區聖安多尼學校	香港潮商學校
校網/學校編號	11	11	11	11
網址	www.spps.edu.hk	www.cms.edu.hk	www.cwsa.edu.hk	www.csshk.edu.hk
電話	2546 2624	2547 7618	2546 0369	2546 1644
主要教學語言	中文	英文	中文	中文及英文
創校年份	1884	1967	1963	1923
學制	全日	全日	全日	全日
校長	黎可欣女士	宗藹雯女士	郭達華先生	詹漢銘先生
收生類別	男女	男女	男女	男女
宗教	基督教	天主教	天主教	不適用
辦學團體	聖公宗（香港）小學監理委員會有限公司	天主教香港教區	鮑思高慈幼會	香港潮州商會有限公司
地址	石塘咀山道70及88號	中環律打街	上環醫院道2號	薄扶林薄扶林道79B
校車服務	校車	保姆車	校車、保姆車	校車、保姆車
A一條龍中學/B直屬中學/C聯繫中學	沒有	沒有	沒有	沒有
教師資歷（教育文憑%、學士%、碩士及博士或以上%、特殊教育培訓%）	90%、100%、46%、41%	100%、100%、43%、25%	100%、100%、41%、48%	100%、100%、20%、33%
小一開班數目（23/24、24/25（預計））	6、6	3、3	3、3	4、4
小一學額（23/24、24/25（預計））	150、150	△	78、78	△
23/24年度自行收生階段報讀/甲、乙類取錄人數（平均分數）	△/△、△（△）	△/△、△（△）	82/25、15（20）	△/△、△（△）
獲派首三志願學校比率	97.24%	△	99%	△
最多學生入讀的三所中學	英華女學校、英皇書院	△	英華女學校、英皇書院、聖類斯中學	△

基本資料 / 收生資料 / 22/23年度畢業生派位情況

註：(小班)以25位或以下學生為一班　△校方未有提供資料　#以教育局在2023年所批核的班級數目為準。

東華三院曾憲備小學創校三年，以「立足中華傳統文化，面向世界培育優才」為辦學理念，努力培養學生成為具備「關懷社會，國際視野」之人才。S-M-I-L-E課程素來是學校一大特色，更將持續優化，為學生提供多元學習體驗。

▲S-M-I-L-E課程根據資優教育三層架構設計，讓同學可以重點發展其興趣和專長。

東華三院曾憲備小學

深化SMILE特色課程
啟發學生潛能 立足中華面向世界

簡校長表示，在全日制課程下，學生在上午能以最佳學習狀態汲取核心課程知識；下午則可體驗S-M-I-L-E課程的各種學習活動，既善用小朋友的專注力，又可延伸學習。此外，學校亦適當調節功課數量，並加設導修課，讓學生能在校內解決功課上的問題。學校逢星期三設有「無紙筆功課日」或「電子學習日」，讓學生進行各類網上學習、資料搜集以及知識分享，以便擴闊學生體驗和視野。

S-M-I-L-E特色課程 發展學生興趣專長

S-M-I-L-E課程包括五大元素：自主學習、品德教育、多元智能發展、寓學於樂、追求卓越。學校規劃了共15個體藝發展項目，以一至三年級同學參加。簡校長表示，S-M-I-L-E課程根據資優教育三層架構設計，第一層為普及課，以潛能發展專家入課的形式，讓學生體驗不同的體藝活動或課程；第二層為興趣小組，學生能夠探索自身的興趣和優勢，選擇深化發展的方向；第三層則為精英培訓，挑選校內各項人才參加不同範疇訓練或比賽。學校今年也特別把二、三年級的恆常體藝課程和S-M-I-L-E課程整合，讓同學可以重點發展其興趣和專長。

遊歷課程與世界接軌

遊歷課程培養學生成為獨立、具自信和跨文化素養的學習者，學校除了為一、二年級學生設立學習自理活動，今年也為三年級特設「學校宿一宵」，讓學生在學校寄宿一晚，以鍛鍊學生的獨立自主，及與同學相處和合作解難的能力。四年級學生可以參與三日兩夜的教育營；五、六年級則會離開香港，參加境外的主題式交流團，讓學生有更實在的生活經驗，有助豐富他們的思維和創意，建構國際視野。

建構正向學習環境 學生屢創佳績

為配合時代發展，學校不斷更新各項硬件、設施，並計劃展開第二期優化工程，增加兩個特別室及更多學生休憩空間。學生在各方面的發展也漸見成效，學校的「無人機隊」、合唱團、體藝隊也在校外比賽中屢奪佳績。簡校長建議家長多欣賞小朋友，鼓勵他們從失敗中學習，以營造正向的教育環境，讓小朋友盡力發揮所長，亦勉勵小朋友保持正向思維，努力向前。

東華三院曾憲備小學

校監：曾慶業先生
校長：簡俊達先生
地址：新界粉嶺龍馬路53號
電話：2370 9811
電郵：info-thpps@thpps.edu.hk
網址：www.thpps.edu.hk

Facebook專頁

學校網頁

分區	中西區	中西區	中西區	中西區
學校名稱	聖安多尼學校	英皇書院同學會小學第二校	李陞小學	嘉諾撒聖心學校
校網 / 學校編號	11	11	11	11
網址	www.stanthonys.edu.hk	www.kcobaps2.edu.hk	www.lsps.edu.hk	www.shcs.edu.hk
電話	2546 6263	2547 7575	2540 8966	2524 8679
主要教學語言	粵語、國語及英語	中文	中文	粵語、國語及英語
創校年份	1963	1960	1954	1860
學制	全日	全日	全日	下午+全日
校長	馬嘉健先生	林淑芳女士	曾國偉先生	何嘉儀女士
收生類別	男女	男女	男女	女
宗教	天主教	不適用	不適用	天主教
辦學團體	鮑思高慈幼會	英皇書院同學會學校有限公司	政府	嘉諾撒仁愛女修會
地址	薄扶林薄扶林道69號A	上環普慶坊40號	西營盤高街119號	中環堅道26號
校車服務	校車	保姆車	保姆車	校車
A一條龍中學 / B直屬中學 / C聯繫中學	沒有	沒有	C：英皇書院、庇理羅士女子中學、金文泰中學	B：嘉諾撒聖心書院
教師資歷（教育文憑%、學士%、碩士及博士或以上%、特殊教育培訓%）	100%、100%、47%、42%	100%、100%、41%、61%	100%、100%、39%、58%	100%、100%、56%、45%
小一開班數目（23/24、24/25（預計））	3、3	3、3	2、2	5、5
小一學額（23/24、24/25（預計））	△	78、78、78	50、50、50	△
23/24年度自行收生階段報讀/甲、乙類取錄人數（平均分數）	△／△、△（△）	△／△、△（△）	△／△、△（△）	△／△、△（△）
獲派首三志願學校比率	99%	92%	91%	△
最多學生入讀的三所中學	聖類斯中學、英華女學校、聖嘉勒女書院	英皇書院、高主教書院、英華女書院	庇理羅士女子中學、聖士提反女子中學、英華女學校	△

基本資料 / 收生資料 / 22/23年度畢業生派位情況

註：(小班)以25位或以下學生為一班 △校方未有提供資料 #以教育局在2023年所批核的班級數目為準。

分區	中西區	中西區	中西區	中西區
學校名稱	新會商會學校	聖公會基恩小學	聖公會呂明才紀念小學	聖公會聖馬太小學
校網 / 學校編號	11	11	11	11
網址	www.swcss.edu.hk	www.skhkyps.edu.hk	www.skhlmcmps.edu.hk	www.stmatthew.edu.hk
電話	2546 5712	2524 0896	2817 2305	2548 3368
主要教學語言	中文	中文	粵語、國語及英語	中文
創校年份	1958	1955	1960	1876
學制	全日	全日	全日	全日
校長	胡立峰先生	楊冠如校長	黃秀雯女士	張敏聰校長
收生類別	男女	男女	男女	男女
宗教	不適用	基督教	基督教	基督教
辦學團體	僑港新會商會	聖公宗（香港）小學監理委員會有限公司	聖公宗（香港）小學監理委員會有限公司	聖公宗（香港）小學監理委員會有限公司
地址	香港上環居賢坊1號	中環荷李活道109號	堅尼地城加惠民道31號	香港上環新街12-20號
校車服務	校車	校車	校車	沒有
A一條龍中學 / B直屬中學 / C聯繫中學	A：新會商會陳白沙紀念中學	沒有	沒有	沒有
教師資歷（教育文憑%、學士%、碩士及博士或以上%、特殊教育培訓%）	100%、100%、28%、47%	100%、100%、42.1%、71%	100%、100%、35%、47%	100%、100%、39%、58%
小一開班數目（23/24、24/25（預計））	1、1	3、3	3、3	1、1
小一學額（23/24、24/25（預計））	△	75、75	△	△
23/24年度自行收生階段報讀/甲、乙類取錄人數（平均分數）	△ / △、△（△）	△ / 23、15（△）	△ / △、△（△）	△ / △、△（△）
獲派首三志願學校比率	82.90%	81.30%	△	98%
最多學生入讀的三所中學	聖士提反女子中學、英華女學校、聖嘉勒女書院	△	聖類斯中學、英華女學校、聖嘉勒女書院	英皇書院、英華女學校、聖類斯中學

基本資料 / 收生資料 / 22/23年度畢業生派位情況

註：（小班）以 25 位或以下學生為一班　△校方未有提供資料　#以教育局在 2023 年所批核的班級數目為準。

分區	中西區	中西區	中西區	中西區
學校名稱	般咸道官立小學	英皇書院同學會小學	聖嘉祿學校	聖士提反女子中學附屬小學
校網 / 學校編號	11	11	11	11
網址	www.brgps.edu.hk	www.kcobaps1.edu.hk	www.stcharles.edu.hk	www.ssgps.edu.hk
電話	2517 1216	2547 7468	2817 3325	2540 5088
主要教學語言	中文	粵語、國語及英語	粵語、國語及英語	中文
創校年份	2000	1960	1954	1906
學制	全日	全日	全日	全日
校長	李明佳先生	屈嘉曼女士	李永佳先生	柯靜如女士
收生類別	男女	男女	男女	女
宗教	不適用	不適用	天主教	基督教
辦學團體	政府	英皇書院同學會學校有限公司	天主教香港教區	聖士提反女子中學校董會
地址	西營盤般咸道9A號	上環必列者士街58號	堅尼地城蒲飛路25號	半山柏道33號
校車服務	校車	校車	校車	校車、保姆車
A一條龍中學 / B直屬中學 / C聯繫中學	C：英皇書院、庇理羅士女子中學、金文泰中學、鄧肇堅維多利亞官立中學	沒有	沒有	B：聖士提反女子中學
教師資歷 (教育文憑%、學士%、碩士及博士或以上%、特殊教育培訓%)	100%、100%、50%、57%	96%、100%、48%、37%	100%、100%、38%、35%	100%、100%、71%、51%
小一開班數目 (23/24、24/25 (預計))	2、2	2、2	1、2	4、4
小一學額 (23/24、24/25 (預計))	△	50、50、50	25、50	△
23/24年度自行收生階段報讀/甲、乙類取錄人數 (平均分數)	△ / △、△ (△)	△ / △、△ (△)	8 / 2、6 (10)	△ / △、△ (△)
獲派首三志願學校比率	94%	98%	89%	△
最多學生入讀的三所中學	英皇書院、庇理羅士女子中學、喇沙書院	英皇書院、皇仁書院、聖保祿學校	聖士提反女子中學、高主教書院、聖類斯中學	△

基本資料　收生資料　22/23 年度畢業生派位情況

註：(小班)以25位或以下學生為一班　△校方未有提供資料　#以教育局在2023年所批核的班級數目為準。

升小準備　統一派位　叩門必修　封面故事　專家貼士　學校資料 香港區　學校資料 九龍區　學校資料 新界區

分區	灣仔區	灣仔區	灣仔區	灣仔區
學校名稱	軒尼詩道官立小學	軒尼詩道官立小學（銅鑼灣）	李陞大坑學校	瑪利曼小學
校網 / 學校編號	12	12	12	12
網址	www.hrgps.edu.hk	www.hrgpscwb.edu.hk	www.lsths.edu.hk	www.mps.edu.hk
電話	2572 6633	2157 2788	2577 5188	2572 8728
主要教學語言	中文	中文	英文	英文
創校年份	1949	1949	1958	1927
學制	全日	全日	全日	全日
校長	梁靜宜女士	勞佩珊女士	葉小麗女士	勞家明女士
收生類別	男女	男女	男女	女
宗教	不適用	不適用	不適用	天主教
辦學團體	政府	政府	大坑坊眾福利會	聖依納爵教育機構有限公司
地址	灣仔譚臣道169號	銅鑼灣東院道3號	大坑浣紗街73號	大坑道336號地庫1樓、地下、1樓、2樓、3樓及4樓
校車服務	校車、保姆車	校車	校車	保姆車
A一條龍中學 / B直屬中學 / C聯繫中學	C：皇仁書院、庇理羅士女子中學、金文泰中學、鄧肇堅維多利亞官立中學	C：皇仁書院、庇理羅士女子中學、何東中學、金文泰中學、鄧肇堅維多利亞官立中學	沒有	B：瑪利曼中學
教師資歷（教育文憑%、學士%、碩士及博士或以上%、特殊教育培訓%）	100%、98%、46%、53%	100%、98%、42%、57.7%	93%、97%、41%、19%	100%、100%、44%、46%
小一開班數目（23/24、24/25（預計））	5、5	5、5	2、2	4、4
小一學額（23/24、24/25（預計））	△	△	26、50、50	△
23/24年度自行收生階段報讀/甲、乙類取錄人數（平均分數）	△ / △、△（△）	△ / △、△（△）	△/ 15、10（15）	△ / △、△（△）
獲派首三志願學校比率	97%	100%	94%	△
最多學生入讀的三所中學	皇仁書院、聖公會鄧肇堅中學、庇理羅士女子中學	皇仁書院、庇理羅士女子中學、金文泰中學	△	△

左側縱向標題：基本資料｜收生資料｜22/23年度畢業生派位情況

註：（小班）以25位或以下學生為一班　△校方未有提供資料　#以教育局在2023年所批核的班級數目為準。

分區	灣仔區	灣仔區	灣仔區	灣仔區
學校名稱	東華三院李賜豪小學	保良局金銀業貿易場張凝文學校	寶覺小學	寶血小學
校網 / 學校編號	12	12	12	12
網址	www.twghlchps.edu.hk	www.plkgspts.edu.hk	www.pokokps.edu.hk	www.preciousbloodhv.edu.hk
電話	2575 0470	2890 8131	2573 7911	2572 3851
主要教學語言	粵語、國語	中文	粵語、國語及英語	中文
創校年份	1958	1946	1931	1945
學制	全日	全日	全日	全日
校長	余達智先生	劉彩玉女士	鍾麗金女士	鄭倩濃女士
收生類別	男女	男女	男女	男女
宗教	不適用	不適用	佛教	天主教
辦學團體	東華三院	保良局	東蓮覺苑	耶穌寶血女修會
地址	灣仔皇后大道東280號	銅鑼灣連道12號	跑馬地山光道11-15號	跑馬地成和道72號
校車服務	保姆車	保姆車	校車	校車、保姆車
A一條龍中學 / B直屬中學 / C聯繫中學	沒有	沒有	沒有	沒有
教師資歷 (教育文憑%、學士%、碩士及博士或以上%、特殊教育培訓%)	100%、100%、35%、43%	90%、100%、43%、69%	93%、98%、31%、40%	100%、100%、54%、60%
小一開班數目 (23/24、24/25(預計))	2、2	1、1	2、2	2、2
小一學額 (23/24、24/25(預計))	50、50	△	△	△
23/24年度自行收生階段報讀/甲、乙類取錄人數(平均分數)	△ / △、△(△)	△ / △、△(△)	△ / △、△(△)	△ / △、△(△)
獲派首三志願學校比率	98.60%	△	91%	△
最多學生入讀的三所中學	聖公會鄧肇堅中學、嘉諾撒聖方濟各書院、香港真光中學	△	瑪利曼中學、聖保祿中學、港青基信書院	聖保祿中學、聖公會鄧肇堅中學、香港真光中學

左側欄標示：基本資料 / 收生資料 / 22/23年度畢業生派位情況

註：(小班)以25位或以下學生為一班　△校方未有提供資料　#以教育局在2023年所批核的班級數目為準。

分區	灣仔區	灣仔區	灣仔區	灣仔區
學校名稱	官立嘉道理爵士小學	聖公會聖雅各小學	嘉諾撒聖方濟各學校	聖若瑟小學
校網 / 學校編號	12	12	12	12
網址	www.sekps.edu.hk	www.skhsjps.edu.hk	www.sfcs.edu.hk	www.sjps.edu.hk
電話	2577 3489	2574 9369	2528 1763	2574 2259
主要教學語言	英文	中文	中文	英文
創校年份	1891	1961	1869	1968
學制	全日	全日	全日	全日
校長	余慶賢女士	李文傑先生	莊欣惠女士	何穎思女士
收生類別	男女	男女	女	男
宗教	不適用	基督教	天主教	天主教
辦學團體	政府	聖公宗（香港）小學監理委員會有限公司	嘉諾撒仁愛女修會	香港喇沙修士會
地址	掃桿埔東院道9號	灣仔堅尼地道110號	灣仔聖佛蘭士街42及44號	灣仔活道48號
校車服務	校車	校車	校車	校車
A一條龍中學 / B直屬中學 / C聯繫中學	C：官立嘉道理爵士中學（西九龍）	沒有	B：嘉諾撒聖方濟各書院	B：聖若瑟書院
教師資歷（教育文憑%、學士%、碩士及博士或以上%、特殊教育培訓%）	100%、100%、10%、39%	100%、100%、28%、45%	100%、100%、35%、50%	100%、100%、44%、47%
小一開班數目（23/24、24/25（預計））	2、2	5、5	4、4	5、5
小一學額（23/24、24/25（預計））	△	△	△	△
23/24年度自行收生階段報讀/甲、乙類取錄人數（平均分數）	△ / △、△（△）	△ / △、△（△）	△ / △、△（△）	△ / △、△（△）
獲派首三志願學校比率	△	95%	△	△
最多學生入讀的三所中學	△	聖公會鄧肇堅中學、皇仁書院、英皇書院、	△	△

左側分類標籤：基本資料、收生資料、22/23年度畢業生派位情況

註：（小班）以25位或以下學生為一班　△校方未有提供資料　#以教育局在2023年所批核的班級數目為準。

分區	灣仔區	灣仔區	灣仔區	灣仔區
學校名稱	聖保祿天主教小學	北角衛理小學	佛教中華康山學校	香港嘉諾撒學校
基本資料				
校網 / 學校編號	12	14	14	14
網址	www.sppcs.edu.hk	www.npmps.edu.hk	www.bcwkps.edu.hk	www.canossahk.edu.hk
電話	2576 3181	2570 3623	2884 4115	2561 0115
主要教學語言	中文	中文	中文	粵語、國語及英語
創校年份	1960	1959	1945	1951
學制	全日	全日	全日	全日
校長	關佩玲女士	黃侶詩女士	馬中駿先生	方碧燕女士
收生類別	女	男女	男女	男女
宗教	天主教	基督教	佛教	天主教
辦學團體	沙爾德聖保祿女修會	香港基督教循道衛理聯合教會	香港佛教聯合會	嘉諾撒仁愛女修會
地址	跑馬地黃泥涌道81A	北角百福道2A號	鰂魚涌康愉街2號	鰂魚涌海澤街8號
校車服務	校車	校車、保姆車	校車、保姆車	校車
A一條龍中學 / B直屬中學 / C聯繫中學	B：聖保祿中學	沒有	沒有	C：嘉諾撒書院
教師資歷（教育文憑%、學士%、碩士及博士或以上%、特殊教育培訓%）	100%、94%、25%、17%	100%、98%、40%、38%	100%、100%、42%、33%	100%、100%、49%、38%
收生資料				
小一開班數目（23/24、24/25（預計））	4、4	4、4	4、4	6、6
小一學額（23/24、24/25（預計））	△	100、100	100、100	△
23/24年度自行收生階段報讀/甲、乙類取錄人數（平均分數）	△ / △、△（△）	△ / △、△（△）	50 / 23、27（15）	△ / △、△（△）
22/23年度畢業生派位情況 獲派首三志願學校比率	△	△	98%	94.30%
最多學生入讀的三所中學	△	衛理中學、張祝珊英文中學、聖馬可中學	聖馬可中學、嘉諾撒書院、中華基金中學	嘉諾撒書院、港島民生書院、張祝珊英文中學

註：(小班)以25位或以下學生為一班　△校方未有提供資料　#以教育局在2023年所批核的班級數目為準。

分區	東區	東區	東區	東區
學校名稱	番禺會所華仁小學	滬江小學	聖公會聖米迦勒小學	太古小學

		番禺會所華仁小學	滬江小學	聖公會聖米迦勒小學	太古小學
基本資料	校網 / 學校編號	14	14	14	14
	網址	www.puwy.edu.hk	www.sap.edu.hk	www.skhsms.edu.hk	www.tps.edu.hk
	電話	2572 2140	2884 4775	2570 9473	2561 5555
	主要教學語言	中文	中文	中文	中文
	創校年份	1971	1987	1919	1923
	學制	全日	全日	全日	全日
	校長	周秉濤先生	鍾振文先生	陳裕均先生	葉碧君女士
	收生類別	男	男女	男女	男女
	宗教	天主教	不適用	基督教	不適用
	辦學團體	旅港番禺會所	滬江大學香港同學會有限公司	聖公宗（香港）小學監理委員會有限公司	太古股份有限公司
	地址	北角百福道2號	鰂魚涌康怡花園康盛街14號	北角炮台山道23號	太古英皇道1100號
	校車服務	校車、保姆車	校車	校車	校車
	A一條龍中學 / B直屬中學 / C聯繫中學	B：香港華仁書院	C：滬江維多利亞學校	沒有	沒有
	教師資歷 (教育文憑%、學士%、碩士及博士或以上%、特殊教育培訓%)	100%、100%、30%、40%	100%、100%、36%、41%	100%、98%、29%、54%	100%、100%、44%、52%
收生資料	小一開班數目 (23/24、24/25（預計）)	4、4	4、4	4、4	5、5
	小一學額 (23/24、24/25（預計）)	△	120、120	△	△
	23/24年度自行收生階段報讀/甲、乙類取錄人數（平均分數）	△ / △、△（△）	△ / △、△（△）	△ / △、△（△）	△ / △、△（△）
22/23年度畢業生派位情況	獲派首三志願學校比率	△	△	94%（首五志願）	94%
	最多學生入讀的三所中學	△	聖馬可中學、筲箕灣官立中學、庇理羅士女子中學	張祝珊英文中學、培僑中學、港島民生書院	文理書院、衛理中學、福建中學（小西灣）

註：（小班）以 25 位或以下學生為一班　△校方未有提供資料　# 以教育局在 2023 年所批核的班級數目為準。

升小準備 統一派位 叩門必修 封面故事 專家貼士 學校資料 香港區 學校資料 九龍區 學校資料 新界區

分區	東區	東區	東區	東區
學校名稱	北角循道學校	啟基學校（港島）	北角官立小學	丹拿山循道學校
校網／學校編號	14	14	14	14
網址	www.cmsnp.edu.hk	www.ccshki.edu.hk	www.npgps.edu.hk	www.cmsth.edu.hk
電話	2561 9693	2561 0821	2561 7130	2561 5822
主要教學語言	粵語、國語及英語	中文	中文	中文
創校年份	1964	1967	1954	1964
學制	全日	全日	全日	全日
校長	鄭家明校長	鄭惠琪女士	陳張燕媚女士	徐婉碧女士
收生類別	男女	男女	男女	男女
宗教	基督教	不適用	不適用	基督教
辦學團體	香港基督教循道衛理聯合教會	北角區街坊福利事務促進會	政府	香港基督教循道衛理聯合教會
地址	北角百福道15號	北角馬寶道82號	北角英皇道888號	北角百福道4號
校車服務	校車	保姆車	校車	校車
A一條龍中學／B直屬中學／C聯繫中學	沒有	沒有	C：筲箕灣官立中學、金文泰中學、筲箕灣東官立中學	沒有
教師資歷（教育文憑%、學士%、碩士及博士或以上%、特殊教育培訓%)	100%、98%、43%、80.9%	100%、100%、30%、45%	100%、100%、30%、36%	98%、100%、42%、54.5%
小一開班數目（23/24、24/25（預計）)	4、4	1、1	5、5	3、3
小一學額（23/24、24/25（預計）)	104、104	△	△	75、75
23/24年度自行收生階段報讀／甲、乙類取錄人數（平均分數)	△／△、△（△）	△／△、△（△）	△／△、△（△）	52／18、32（15）
獲派首三志願學校比率	96%（首志願學校比率92%)	88%（第一志願)	98.50%	100%
最多學生入讀的三所中學	港島民生書院、衛理中學、聖馬可中學	香港華仁書院、張祝珊英文中學、香港真光中學	筲箕灣官立中學、中華基金中學、金文泰中學	聖馬可中學、衛理中學、港島民生書院

基本資料 / 收生資料 / 22/23年度畢業生派位情況

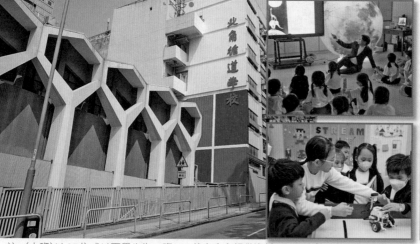

註：(小班)以25位或以下學生為一班　△校方未有提供資料　#以教育局在2023年所批核的班級數目為準。

分區	東區	東區	東區	東區
學校名稱	筲箕灣崇真學校	香港中國婦女會丘佐榮學校	救世軍韋理夫人紀念學校	勵志會梁李秀娛紀念小學
校網 / 學校編號	16	16	16	16
網址	www.skwtts.edu.hk	www.hkcwc-htyps.edu.hk	www.annwyllie.edu.hk	www.llsy.edu.hk
電話	2560 6272	2560 2051	2558 2111	2967 9622
主要教學語言	粵語、國語	中文	中文	粵語、國語及英語
創校年份	1948	1965	1987	1994
學制	全日	全日	全日	全日
校長	關唐裕先生	鍾寶來女士	程志祥先生	陳桂英女士
收生類別	男女	男女	男女	男女
宗教	基督教	不適用	基督教	不適用
辦學團體	基督教香港崇真會	香港中國婦女會	救世軍	香港勵志會
地址	筲箕灣巴色道3號	筲箕灣西灣河街61號	柴灣盛泰道100號杏花邨平台	筲箕灣耀興道25號
校車服務	校車	校車	校車	校車
A一條龍中學 / B直屬中學 / C聯繫中學	沒有	沒有	沒有	沒有
教師資歷（教育文憑%、學士%、碩士及博士或以上%、特殊教育培訓%）	100%、100%、52%、31%	100%、100%、36%、36%	100%、100%、20%、50%	100%、96%、60%、58%
小一開班數目（23/24、24/25（預計））	4、4	5、5	2、2	4、4
小一學額（23/24、24/25（預計））	△	125、125	△	△
23/24年度自行收生階段報讀/甲、乙類取錄人數（平均分數）	△ / △、△（△）	△ / △、△（△）	△ / △、△（△）	△ / △、△（△）
獲派首三志願學校比率	94%	97%	94%	90%
最多學生入讀的三所中學	△	香港中國婦女會中學、港島民生書院	庇利羅士女子中學、香港中國婦女會中學、張祝珊英文中學	庇利羅士女子中學、香港中國婦女會中學、張祝珊英文中學

基本資料 / 收生資料 / 22/23年度畢業生派位情況

註：（小班）以 25 位或以下學生為一班　△校方未有提供資料　＃以教育局在 2023 年所批核的班級數目為準。

升小準備　統一派位　叩門必修　封面故事　專家貼士　學校資料 香港區　學校資料 九龍區　學校資料 新界區

分區	東區	東區	東區	東區
學校名稱	愛秩序灣官立小學	中華基督教會基灣小學	中華基督教會基灣小學 (愛蝶灣)	天主教明德學校
基本資料 校網 / 學校編號	16	16	16	16
網址	www.abgps.edu.hk	www.keiwan.edu.hk	www.ccckeiwan.edu.hk	mengtakps.edu.hk
電話	2561 1118	2560 8007	2915 4140	2557 2244
主要教學語言	中文	中文	粵語、國語及英語	中文
創校年份	2000	1970	1970	1952
學制	全日	全日	全日	全日
校長	崔家祥先生	林偉雄先生	黃靜雯女士	許加路先生
收生類別	男女	男女	男女	男女
宗教	不適用	基督教	基督教	天主教
辦學團體	政府	中華基督教會香港區會	中華基督教會香港區會	天主教香港教區
地址	筲箕灣愛禮街1號	筲箕灣西灣河街63號	筲箕灣愛信道39號	柴灣祥民道11號
校車服務	校車	校車	校車	校車
A一條龍中學 / B直屬中學 / C聯繫中學	C：皇仁書院、筲箕灣官立中學、筲箕灣東官立中學、金文泰中學	沒有	沒有	沒有
教師資歷 (教育文憑%、學士%、碩士及博士或以上%、特殊教育培訓%)	98%、98%、14%、48%	100%、100%、40%、34%	100%、100%、60%、20%	100%、98%、33%、39%
收生資料 小一開班數目 (23/24、24/25(預計))	5、5	4、4	4、4	4、4
小一學額 (23/24、24/25(預計))	△	△	△	△
23/24年度自行收生階段報讀/甲、乙類取錄人數 (平均分數)	△ / △、△(△)	△ / △、△(△)	△ / △、△(△)	△ / △、△(△)
22/23年度畢業生派位情況 獲派首三志願學校比率	87%	△	99%	97%
最多學生入讀的三所中學	筲箕灣官立中學、皇仁書院、金文泰中學	張祝珊英文中學、香港中國婦女會中學、筲箕灣官立中學	聖馬可中學、嶺南衡怡紀念中學、香港中國婦女會中學	庇理羅士女子中學、瑪利曼中學、張祝珊英文中學

註：(小班) 以 25 位或以下學生為一班　△校方未有提供資料　#以教育局在 2023 年所批核的班級數目為準。

分區	東區	東區	東區	東區
學校名稱	培僑小學	筲箕灣官立小學	聖公會柴灣聖米迦勒小學	
基本資料 校網/學校編號	16	16	16	
網址	www.pkps.edu.hk	www.skwgps.edu.hk	www.skhcwsms.edu.hk	
電話	2897 7866	2569 2532	3102 8101	
主要教學語言	中文	中文	粵語、國語	
創校年份	2000	1958	1919	
學制	全日	全日	全日	
校長	吳佳筠女士	王偉傑先生	羅卓賢先生	
收生類別	男女	男女	男女	
宗教	不適用	不適用	基督教	
辦學團體	培僑教育機構	政府	聖公宗（香港）小學監理委員會有限公司	
地址	小西灣富怡道12號	筲箕灣東大街19號	柴灣柴灣道380號	
校車服務	校車	校車	校車	
A一條龍中學/B直屬中學/C聯繫中學	C：培僑中學（北角）、培僑書院（沙田）	C：筲箕灣官立中學、筲箕灣東官立中學、金文泰中學	沒有	
教師資歷（教育文憑%、學士%、碩士及博士或以上%、特殊教育培訓%）	100%、98%、46%、47%	100%、98%、36%、57%	100%、100%、38%、65%	
收生資料 小一開班數目（23/24、24/25（預計））	5、5	3、3	4、4	
小一學額（23/24、24/25（預計））	125、125	△	100、100、100	
23/24年度自行收生階段報讀甲、乙類取錄人數（平均分數）	△/△、△（△）	△/△、△（△）	△/△、△（△）	
22/23年度畢業生派位情況 獲派首三志願學校比率	△	約90%	99%	
最多學生入讀的三所中學	△	張祝珊英文中學、香港中國婦女會中學、港島民生書院	張祝珊英文中學、香港中國婦女會中學、聖馬可中學	

註：（小班）以25位或以下學生為一班　△校方未有提供資料　#以教育局在2023年所批核的班級數目為準。

升小準備　統一派位　叩門必修　封面故事　專家貼士　學校資料 香港區　學校資料 九龍區　學校資料 新界區

分區	南區	南區	南區	南區
學校名稱	鴨脷洲街坊學校	香港南區官立小學	東華三院鶴山學校	聖伯多祿天主教小學
校網 / 學校編號	18	18	18	18
網址	www.akps.edu.hk	www.hksdgps.edu.hk	www.hokshan.edu.hk	www.spcps.edu.hk
電話	2871 1669	2551 0030	2551 1142	2874 8311
主要教學語言	粵語、國語及英語	中文	中文及英文	中文
創校年份	1954	2000	2005	1958
學制	全日	全日	全日	全日
校長	布惠芳女士	陳郁興先生	陳世剛先生	林慧雯女士
收生類別	男女	男女	男女	男女
宗教	不適用	不適用	不適用	天主教
辦學團體	鴨脷洲街坊福利會	政府	東華三院	天主教香港教區
地址	鴨脷洲利東邨利東邨道9號	鴨脷洲橋道325號	華富邨華林徑5號	鴨脷洲利東邨第二期
校車服務	校車	校車	校車	校車
A一條龍中學 / B直屬中學 / C聯繫中學	沒有	C：英皇書院、庇理羅士女子中學、金文泰中學	沒有	B：聖伯多祿中學
教師資歷 (教育文憑%、學士%、碩士及博士或以上%、特殊教育培訓%)	75%、100%、54%、32%	100%、100%、39%、67%	100%、98%、28%、53%	93%、100%、27%、36%
小一開班數目 (23/24、24/25（預計）)	1、1	4、4	2、2	3、3
小一學額 (23/24、24/25（預計）)	100、100	100、100	△	75、75
23/24年度自行收生階段報讀/甲、乙類取錄人數（平均分數）	△ / △、△（△）	△ / △、△（△）	△ / △、△（△）	50 / 18、32（15）
獲派首三志願學校比率	96.80%	△	100%	100%
最多學生入讀的三所中學	聖公會呂明才中學、香港仔浸信會呂明才書院、鄧肇堅維多利亞官立中學	英皇書院	△	聖伯多祿中學、聖公會呂明才中學、香港仔浸信會呂明才書院

基本資料 / 收生資料 / 22/23年度畢業生派位情況

註：(小班)以25位或以下學生為一班　△校方未有提供資料　#以教育局在2023年所批核的班級數目為準。

分區	南區	南區	南區	南區
學校名稱	香港仔聖伯多祿天主教小學	海怡寶血小學	嘉諾撒培德學校	聖公會置富始南小學
校網 / 學校編號	18	18	18	18
網址	www.aspcps.edu.hk	www.pbpssh.edu.hk	www.ptcps.edu.hk	www.skhcfcn.edu.hk
電話	2873 5101	5802 2400	2552 9529	2550 4004
主要教學語言	中文	中文、英文	中文	中文
創校年份	1958	2000	1897	1957
學制	全日	全日	全日	全日
校長	侯麗珊女士	黃德才校長	丁芝敏修女	黃禮灝先生
收生類別	男女	男女	男女	男女
宗教	天主教	天主教	天主教	基督教
辦學團體	天主教香港教區	耶穌寶血女修會	嘉諾撒仁愛女修會	聖公宗（香港）小學監理委員會有限公司
地址	香港仔石排灣新村第二期	鴨脷洲橋道355號	香港仔大道180號	薄扶林置富徑3號
校車服務	校車	校車	校車	校車、保姆車
A一條龍中學 / B直屬中學 / C聯繫中學	B：聖伯多祿中學	沒有	C：嘉諾撒培德書院	沒有
教師資歷（教育文憑%、學士%、碩士及博士或以上%、特殊教育培訓%）	A. 100%，B. 98%，C. 32%，D. 54%	100%、98%、22%、93%	89%、100%、52%、30%	96%、100%、30%、30%
小一開班數目（23/24、24/25（預計））	5、5	4、4	1、1	2、2
小一學額（23/24、24/25（預計））	125、125	108、108	△	△
23/24年度自行收生階段報讀/甲、乙類取錄人數（平均分數）	77/ 38、25（15）	△ / △、△（△）	△ / △、△（△）	△ / △、△（△）
獲派首三志願學校比率	100%	100%	93%	97%（第一志願）
最多學生入讀的三所中學	聖伯多祿中學、嘉諾撒聖心書院、聖公會呂明才中學	拔萃男書院、英華女學校、聖士提反女子中學	嘉諾撒聖心書院、嘉諾撒聖方濟各書院、英華女學校	香港仔浸信會呂明才書院、聖嘉勒女書院、聖公會呂明才中學

基本資料

收生資料

22/23年度畢業生派位情況

註：（小班）以 25 位或以下學生為一班　　△校方未有提供資料　　# 以教育局在 2023 年所批核的班級數目為準。

分區	南區	南區		
學校名稱	**聖公會田灣始南小學**			
校網 / 學校編號	18			
網址	www.tcn.edu.hk			
電話	2550 8326			
主要教學語言	中文			
創校年份	1957			
學制	全日			
校長	梁國強先生			
收生類別	男女			
宗教	基督教			
辦學團體	聖公宗(香港)小學監理委員會有限公司			
地址	香港仔田灣新街5號			
校車服務	校車、保姆車			
A一條龍中學 / B直屬中學 / C聯繫中學	沒有			
教師資歷 (教育文憑%、學士%、碩士及博士或以上%、特殊教育培訓%)	100%、100%、38%、28%			
小一開班數目 (23/24、24/25(預計))	5、5			
小一學額 (23/24、24/25(預計))	125、125			
23/24年度自行收生階段報讀/甲、乙類取錄人數 (平均分數)	△ / △、△ (△)			
獲派首三志願學校比率	△			
最多學生入讀的三所中學	嘉諾撒聖心書院、中華基金中學、香港華仁書院			

左側標籤:升小準備 統一派位 叩門必修 封面故事 專家貼士 學校資料 香港區 學校資料 九龍區 學校資料 新界區

基本資料 / 收生資料 / 22/23年度畢業生派位情況

註:(小班)以25位或以下學生為一班　△校方未有提供資料　#以教育局在2023年所批核的班級數目為準。

鐘聲學校注重教育品質，秉承校訓「敦品勵學」精神，致力培養學生的品德和積極向學的態度，成為社會良好公民。學校注重學生的學術表現，將價值觀教育融入每個學科中，提升自主學習和綜合能力，為學生的未來奠定堅實的基礎。

▶ 鐘聲學校校長賴嘉欣女士以不同計劃培養學生的品德和積極向學的態度，成為社會良好公民。

鐘聲學校 注重品德教育
培養自主學習態度

優化課程及培訓 加強學習自主

為增強學生的自主學習能力，學校建立「校本自主學習框架」，由老師主導相應的教育策略，例如分層教學設計，以滿足不同學生的需要，照顧學習多樣性。

另一方面，通過跨課程閱讀引導，讓學生主動參與學習活動，當中每個年級設有不同主題，如今年的主題是圍繞價值觀教育，培育12種首要的價值觀和態度——堅毅、尊重他人、責任感、國民身份認同、承擔精神、誠信、仁愛、守法、同理心、勤勞、團結和孝親。

價值觀教育亦會融入德育課和成長課——德育課旨在利用不同生活場景的教學來解決學生日常問題和人際交往，成長課程則致力於教授學生未來規劃和設定目標。透過在學科滲透以上元素，學生可得到全面的學習經歷。學校更配合計劃推出文選課《鐘聲文選》，讓學生研習古典文學的特殊格式和文體，培養其寫作能力和文化素養。

◀ 學校推出文選選課《鐘聲文選》，讓學生研習古典文學的特殊格式和文體，培養寫作能力和文化素養。

為提高學生的環保意識，學校特別推行減碳校園 i³ Green Garden 計劃，當中設有Inno Lab、減碳課室、Green Garden 等，讓學生通過光譜足跡學習，認識光譜對植物生長的影響，並加入二氧化碳淨化機，降低教室內的二氧化碳濃度，有助改善學生健康及提高專注力；還可以將二氧化碳轉化為肥料，促進校內植物生長，配合科學實驗，讓學生親身參與並探索當中過程。

設立校本人才庫 培養綜合人才

為培養學生綜合能力及全面發展，學校特設「校本人才庫」，持續評估學生的優勢和弱點，包括成績和課外活動等方面，並根據學術表現將其納入學校的優才課程，如課後拔尖班等；如在非學術方面表現優良，則提供校隊培訓。

學懂分辨真假資訊 保持警覺

有見網絡世界讓許多學生難以抗拒，學校用心培養學生對資訊的正確態度和使用技巧，防止過度沉迷於網絡世界。通過正規課堂和自主學習，學校引導學生學懂尋找可靠的資訊、進行事實核查，以及適當地使用和分享資訊。通過與校外機構合作，如學校早前到星島新聞集團實地考察，可加強學生了解辨別資訊真偽的重要性及方法，令學生對來自不同來源的資訊保持警覺性。

◀ 學校特別推行減碳校園計劃，配合科學實驗，讓學生親身參與並探索當中過程。

鐘聲學校
地址：新界元朗舊墟路 29 號
電話：2476 2505
傳真：2470 1798
電郵：css_info@chungsing.edu.hk

升小準備 統一派位 叩門必修 封面故事 專家貼士 學校資料 香港區 學校資料 九龍區 學校資料 新界區

分區	油尖旺區	油尖旺區	油尖旺區	油尖旺區
學校名稱	德信學校	東莞同鄉會方樹泉學校	東華三院羅裕積小學	油蔴地天主教小學
校網 / 學校編號	31	31	31	31
網址	www.taksun.edu.hk	www.tkfsc-school.edu.hk	www.twghlycp.edu.hk	www.ymtcps.edu.hk
電話	2367 3446	2780 2296	2780 0039	2780 7311
主要教學語言	中文	中文	中文	中文
創校年份	1930	1970	1968	1968
學制	全日	全日	全日	全日
校長	李英超先生	曾英賢先生	王潔明校長	余佩琴女士
收生類別	男	男女	男女	男女
宗教	天主教	不適用	不適用	天主教
辦學團體	東亞教育促進會	東莞同鄉總會	東華三院	天主教香港教區
地址	尖沙咀柯士甸道103號	油麻地東莞街43號	油麻地碧街51號	油麻地東莞街41號
校車服務	校車	沒有	校車	保姆車
A一條龍中學 / B直屬中學 / C聯繫中學	C：德信中學	沒有	沒有	沒有
教師資歷（教育文憑%、學士%、碩士及博士或以上%、特殊教育培訓%）	100%、98%、45%、52%	100%、100%、51%、43%	100%、100%、37%、43%	98%、100%、24%、60%
小一開班數目（23/24、24/25（預計））	4、4	2、2	3、3	5、5
小一學額（23/24、24/25（預計））	100、100	△	△	△
23/24年度自行收生階段報讀/甲、乙類取錄人數（平均分數）	△ / 18、32（15）	△ / △、△（△）	△ / △、△（△）	△ / △、△（△）
獲派首三志願學校比率	96	△	92.3%	85.90%
最多學生入讀的三所中學	華仁書院（九龍）、聖芳濟書院、德信中學	華仁書院（九龍）、基督教崇真中學、嘉諾撒聖瑪利書院	嘉諾撒聖瑪利書院、聖保羅書院、伊利沙伯中學	華仁書院（九龍）、聖芳濟書院、真光女書院

（基本資料／收生資料／22/23年度畢業生派位情況）

註：(小班) 以25位或以下學生為一班　△校方未有提供資料　#以教育局在2023年所批核的班級數目為準。

分區	油尖旺區	油尖旺區	油尖旺區	油尖旺區
學校名稱	中華基督教會灣仔堂基道小學	佐敦道官立小學	油蔴地天主教小學（海泓道）	嘉諾撒聖瑪利學校
基本資料 校網/學校編號	31	31	31	31
網址	www.keito.school.hk	www.jrgps.edu.hk	www.ycps.edu.hk	www.smcs.edu.hk
電話	2780 4455	2332 4249	2625 0766	2368 4204
主要教學語言	中文	中文及英文	粵語、國語、英語	粵語、國語、英語
創校年份	1968	1958	1968	1900
學制	全日	全日	全日	全日
校長	林美霞女士	周美珍女士	陳淑儀女士	區敏儀女士
收生類別	男女	男女	男女	女
宗教	基督教	不適用	天主教	天主教
辦學團體	中華基督教會灣仔堂	政府	天主教香港教區	嘉諾撒仁愛女修會
地址	油蔴地東莞街45號	油蔴地南京街1號B	油蔴地海泓道10號	尖沙咀柯士甸道162號
校車服務	沒有	沒有	校車	校車
A一條龍中學/B直屬中學/C聯繫中學	沒有	C：伊利沙伯中學、何文田官立中學、賽馬會官立中學、九龍工業學校	沒有	A：嘉諾撒聖瑪利書院
教師資歷（教育文憑%、學士%、碩士及博士或以上%、特殊教育培訓%）	95%、97%、21%、53%	100%、100%、40%、53.6%	88%、98%、34%、27%	96%、98%、38%、53%
收生資料 小一開班數目（23/24、24/25（預計））	3、3	3、3	5、5	4、4
小一學額（23/24、24/25（預計））	△	100、100	△	△
23/24年度自行收生階段報讀/甲、乙類取錄人數（平均分數）	△ / △、△（△）	△ / △、△（△）	△ / △、△（△）	△ / △、△（△）
22/23年度畢業生派位情況 獲派首三志願學校比率	96%	98.44%	94.70%	△
最多學生入讀的三所中學	基督教香港信義會信義中學、循道中學、中華基督教銘基書院、天主教新民書院	嘉諾撒聖瑪利書院、保良局唐乃勤初中書院、官立嘉道理爵士中學（西九龍）	循道中學、華仁書院（九龍）、真光女書院	△

註：（小班）以 25 位或以下學生為一班　△校方未有提供資料　# 以教育局在 2023 年所批核的班級數目為準。

分區	油尖旺區	油尖旺區	油尖旺區	油尖旺區
學校名稱	油蔴地天主教小學（海泓道）	循道學校	中華基督教會協和小學	中華基督教會基全小學
校網 / 學校編號	31	31	32	32
網址	www.ycps.edu.hk	www.kmsch.edu.hk	www.heepwoh.edu.hk	www.cccktps.edu.hk
電話	2625 0766	3976 2200	2381 4343	2392 8221
主要教學語言	粵語、國語、英語	中文	粵語、國語	中文
創校年份	1968	1951	1911	1971
學制	全日	全日	全日	全日
校長	陳淑儀女士	陳淑英女士	翁美茵女士	葉雪妍女士
收生類別	男女	男女	男女	男女
宗教	天主教	基督教	基督教	基督教
辦學團體	天主教香港教區	循道衛理聯合教會	中華基督教會香港區會	中華基督教會香港區會
地址	油麻地海泓道10號	油麻地衛理道12號	太子太子道西191B	大角咀大角咀道150號
校車服務	校車	校車、保姆車	校車、保姆車	保姆車
A一條龍中學 / B直屬中學 / C聯繫中學	沒有	沒有	沒有	沒有
教師資歷（教育文憑%、學士%、碩士及博士或以上%、特殊教育培訓%）	88%、98%、34%、27%	100%、100%、46%、62%	100%、100%、32%、57%	100%、100%、31%、29%
小一開班數目（23/24、24/25（預計））	5、5	4、4	6、6	2、2
小一學額（23/24、24/25（預計））	△	100、100	180、180	△
23/24年度自行收生階段報讀/甲、乙類取錄人數（平均分數）	△ / △、△（△）	△ / △、△（△）	△ / △、△（△）	△ / △、△（△）
獲派首三志願學校比率	94.70%	92.00%	△	97%
最多學生入讀的三所中學	循道中學、華仁書院（九龍）、真光女書院	循道中學、九龍華仁書院、伊利沙伯中學	循道中學、中華基督教會銘基書院、華仁書院（九龍）	△

基本資料 / 收生資料 / 22/23年度畢業生派位情況

註：(小班)以25位或以下學生為一班　△校方未有提供資料　#以教育局在2023年所批核的班級數目為準。

升小準備　統一派位　叩門必修　封面故事　專家貼士　學校資料 香港區　學校資料 九龍區　學校資料 新界區

分區	油尖旺區	油尖旺區	油尖旺區	油尖旺區
學校名稱	鮮魚行學校	路德會沙崙學校	聖公會基榮小學	大角嘴天主教小學
校網／學校編號	32	32	32	32
網址	www.ffts.edu.hk	www.sharonlu.edu.hk	www.skhkwps.edu.hk	www.tktcps.edu.hk
電話	2393 8958	2392 0221	2380 0349	2395 2521
主要教學語言	粵語、國語、英語	粵語、國語、英語	中文	中文
創校年份	1969	1971	1968	1972
學制	全日	全日	全日	全日
校長	施志勁先生	任竹嬌女士	黃冠華先生	周德輝先生
收生類別	男女	男女	男女	男女
宗教	不適用	基督教	基督教	天主教
辦學團體	港九鮮魚行總會	香港路德會	聖公宗（香港）小學監理委員會有限公司	天主教香港教區
地址	大角咀詩歌舞街33號	大角咀櫻桃街18號	大角咀荔枝角道23號	大角咀大角咀道148號
校車服務	校車	保姆車	沒有	校車
A一條龍中學／B直屬中學／C聯繫中學	沒有	沒有	沒有	沒有
教師資歷（教育文憑%、學士%、碩士及博士或以上%、特殊教育培訓%）	100%、96%、38%、52%	98%、100%、47%、33%	100%、98%、42%、59%	100%、100%、43%、74.5%
小一開班數目（23/24、24/25（預計））	2、1	5、4	4、4	5、5
小一學額（23/24、24/25（預計））	△	△	120、120	125、125
23/24年度自行收生階段報讀/甲、乙類取錄人數（平均分數）	△／△、△（△）	△／△、△（△）	△／△、△（△）	△／28、35（20）
獲派首三志願學校比率	△	△	△	90%（首四志願）
最多學生入讀的三所中學	△	基督教香港信義會信義中學、世界龍岡學校劉皇發中學、港九潮洲公會中學	真光女書院、中華基督教會銘基書院、伊利沙伯中學	華仁書院（九龍）、中華基督教會銘基書院、伊利沙伯中學

左側縱向標籤：基本資料／收生資料／22/23年度畢業生派位情況

註：（小班）以 25 位或以下學生為一班　△校方未有提供資料　# 以教育局在 2023 年所批核的班級數目為準。

升小準備　統一派位　叩門必修　封面故事　專家貼士　學校資料 香港區　學校資料 九龍區　學校資料 新界區

分區	油尖旺區	油尖旺區	九龍城區	九龍城區
學校名稱	大角嘴天主教小學（海帆道）	塘尾道官立小學	農圃道官立小學	協恩中學附屬小學
校網 / 學校編號	32	32	34	34
網址	www.tktcpshfr.edu.hk	www.tmr.edu.hk	www.frgps.edu.hk	www.hyps.edu.hk
電話	2191 4270	2393 0800	2711 0682	2711 1263
主要教學語言	中文	中文	中文	粵語、國語、英語
創校年份	1972	1959	1956	1936
學制	全日	全日	全日	全日
校長	梁孝友先生	李麗梅女士	黃麗媚女士	陳素兒博士
收生類別	男女	男女	男女	女
宗教	天主教	不適用	不適用	基督教
辦學團體	天主教香港教區	政府	政府	協恩學校管治委員會
地址	大角咀海帆道20號	旺角塘尾道170號	土瓜灣農圃道8號	九龍城農圃道1號
校車服務	校車	沒有	校車	保姆車
A一條龍中學 / B直屬中學 / C聯繫中學	沒有	C：伊利沙伯中學、何文田官立中學、九龍工業學校、賽馬會官立中學	C：伊利沙伯官立中學、何文田官立中學、賽馬會官立中學	沒有
教師資歷（教育文憑%、學士%、碩士及博士或以上%、特殊教育培訓%）	100%、98%、41%、47%	100%、98%、25%、60%	100%、100%、38%、54%	100%、95%、43%、38%
小一開班數目（23/24、24/25（預計））	5、5	4、4	4、4	3、3
小一學額（23/24、24/25（預計））	△	100、100	△	△
23/24年度自行收生階段報讀/甲、乙類取錄人數（平均分數）	△ / △、△（△）	△ / 18、32（△）	△ / △、△（△）	△ / △、△（△）
獲派首三志願學校比率	87.30%	△	△	△
最多學生入讀的三所中學	△	△	伊利沙伯中學、東華三院黃笏南中學、陳瑞祺（喇沙）書院	△

基本資料　收生資料　22/23年度畢業生派位情況

註：(小班)以25位或以下學生為一班　△校方未有提供資料　#以教育局在2023年所批核的班級數目為準。

分區	九龍城區	九龍城區	九龍城區	九龍城區
學校名稱	合一堂學校	九龍婦女福利會李炳紀念學校	天主教領島學校	馬頭涌官立小學

		合一堂學校	九龍婦女福利會李炳紀念學校	天主教領島學校	馬頭涌官立小學
基本資料	校網 / 學校編號	34	34	34	34
	網址	www.hycs.edu.hk	www.kwwclpms.edu.hk	www.lingto.edu.hk	www.mtcgps.edu.hk
	電話	2711 1013	2384 6904	2713 9233	2711 5548
	主要教學語言	中文及英文	中文	粵語、國語、英語	中文
	創校年份	1960	1960	1955	1962
	學制	全日	全日	全日	全日
	校長	吳麗霞博士	林嘉康先生	李安廸先生	陳艷祝女士
	收生類別	男女	男女	男女	男女
	宗教	基督教	不適用	天主教	不適用
	辦學團體	中華基督教會合一堂	九龍婦女福利會	天主教香港教區	政府
	地址	何文田公主道7號	油麻地衛理道33號	何文田俊民苑	土瓜灣福祥街1號
	校車服務	校車、保姆車	校車	校車	校車
	A一條龍中學 / B直屬中學 / C聯繫中學	沒有	沒有	沒有	C：伊利沙伯中學、何文田官立中學、賽馬會官立中學
	教師資歷（教育文憑%、學士%、碩士及博士或以上%、特殊教育培訓%）	100%、96%、23%、38%	100%、80%、20%、64%	91%、100%、21%、33%	100%、100%、30%、46%
收生資料	小一開班數目（23/24、24/25（預計））	4、4	1、2	2、2	5、5
	小一學額（23/24、24/25（預計））	100、100	25、50	50、50	130、130
	23/24年度自行收生階段報讀/甲、乙類取錄人數（平均分數）	△ / △、△（△）	21 / 4、17（15）	35 / 13、22（16.2）	△ / △、△（△）
22/23年度畢業生派位情況	獲派首三志願學校比率	△	100%	82%	△
	最多學生入讀的三所中學	基督教女青年會丘佐榮中學、聖公會聖三一堂中學、余振強紀念中學	迦密中學、陳瑞祺（喇沙）中學、順德聯誼總會胡兆熾中學	基督教女青年會丘佐榮中學、東華三院黃笏南中學、何文田官立中學	伊利沙伯中學、旅港開平商會中學、華英中學

註：（小班）以 25 位或以下學生為一班　△校方未有提供資料　# 以教育局在 2023 年所批核的班級數目為準。

升小準備　統一派位　叩門必修　封面故事　專家貼士　學校資料 香港區　學校資料 九龍區　學校資料 新界區

	分區	九龍城區	九龍城區	九龍城區	九龍城區
	學校名稱	獻主會小學	保良局何壽南小學	聖公會牧愛小學	聖公會聖匠小學
基本資料	校網 / 學校編號	34	34	34	34
	網址	www.ops.edu.hk	www.plkhsn.edu.hk	www.gsps.edu.hk	www.hcps.edu.hk
	電話	2364 8375	2326 2627	2712 5220	2333 2313
	主要教學語言	中文	粵語、國語、英語	中文	中文
	創校年份	1975	1971	1963	1974
	學制	全日	全日	全日	全日
	校長	王志聰先生	陳紫霞女士	梁浩偉先生	伍美英女士
	收生類別	男女	男女	男女	男女
	宗教	天主教	不適用	基督教	基督教
	辦學團體	無玷聖母獻主會	保良局	聖公會牧愛堂	聖公宗(香港)小學監理委員會有限公司
	地址	土瓜灣順風街1號	九龍城沐虹街11號	土瓜灣馬頭圍道171號	土瓜灣貴州街14號
	校車服務	校車	校車	沒有	保姆車
	A一條龍中學 / B直屬中學 / C聯繫中學	沒有	C：保良局第一張永慶中學	沒有	沒有
	教師資歷(教育文憑%、學士%、碩士及博士或以上%、特殊教育培訓%)	100%、100%、47%、38%	100%、98%、43%、37%	90.3%、100%、38.7%、54.8%	95%、98%、28%、40%
收生資料	小一開班數目(23/24、24/25(預計))	4、4	5、5	2、2	2、2
	小一學額(23/24、24/25(預計))	△	△	50、50、50	△
	23/24年度自行收生階段報讀/甲、乙類取錄人數(平均分數)	△ / △、△(△)	△ / △、△(△)	34 / 11、14(△)	△ / △、△(△)
22/23年度畢業生派位情況	獲派首三志願學校比率	96%	92.20%	98%	94.40%
	最多學生入讀的三所中學	協恩中學、民生書院、嘉諾撒聖家書院	保良局第一張永慶中學、賽馬會體藝中學、拔萃女書院	華英中學、何文田官立中學、聖公會蔡功譜中學	皇仁書院、東華三院黃笏南中學、旅港開平商會中學

註：(小班)以25位或以下學生為一班　△校方未有提供資料　#以教育局在2023年所批核的班級數目為準。

分區	九龍城區	九龍城區	九龍城區	九龍城區
學校名稱	聖公會聖十架小學	獻主會聖馬善樂小學	聖羅撒學校	陳瑞祺(喇沙)小學
校網/學校編號	34	34	34	34
網址	www.skhhcps.edu.hk	www.semops.edu.hk	www.srols.edu.hk	www.cskps.edu.hk
電話	2320 4931	2715 1011	2338 2807	2711 6278
主要教學語言	中文	中文	中文、英文	中文
創校年份	2015	2007	1948	1973
學制	全日	全日	全日	全日
校長	陳頌康先生	葉志成先生	陳慧賢女士	鄔淑賢女士
收生類別	男女	男女	女	男女
宗教	基督教	天主教	天主教	天主教
辦學團體	聖公宗(香港)小學監理委員會有限公司	無玷聖母獻主會	瑪利亞方濟各傳教修會	香港喇沙修士會
地址	九龍城沐虹街9號	土瓜灣天光道24號	太子基堤道4號及公爵街1號	九龍城常盛街22號
校車服務	保姆車	保姆車	校車	保姆車
A一條龍中學/B直屬中學/C聯繫中學	沒有	沒有	B：聖羅撒書院	沒有
教師資歷(教育文憑%、學士%、碩士及博士或以上%、特殊教育培訓%)	100%、100%、19%、47%	100%、100%、42%、70%	100%、100%、44%、67%	100%、100%、29%、41%
小一開班數目(23/24、24/25(預計))	5、5	3、3	4、4	5、5
小一學額(23/24、24/25(預計))	△	△	△	△
23/24年度自行收生階段報讀/甲、乙類取錄人數(平均分數)	△ / △、△(△)	△ / △、△(△)	△ / △、△(△)	△ / △、△(△)
獲派首三志願學校比率	△	△	△	88.30%
最多學生入讀的三所中學	△	△	△	旅港開平商會中學、基督教女青年會丘佐榮中學、喇沙書院

基本資料 / 收生資料 / 22/23年度畢業生派位情況

註：（小班）以25位或以下學生為一班　△校方未有提供資料　# 以教育局在2023年所批核的班級數目為準。

升小準備　統一派位　叩門必修　封面故事　專家貼士　學校資料 香港區　學校資料 九龍區　學校資料 新界區

	分區	九龍城區	九龍城區	九龍城區	九龍城區
	學校名稱	基督教香港信義會紅磡信義學校	九龍靈光小學	中華基督教會灣仔堂基道小學（九龍城）	黃埔宣道小學
基本資料	校網／學校編號	34	34	34	35
	網址	www.hhlps.edu.hk	www.eps.edu.hk	ktkc.edu.hk	www.apsw.edu.hk
	電話	2712 1543	2711 1232	2714 7000	2336 7742
	主要教學語言	中文	中文	粵語、國語	中文
	創校年份	1961	1962	1968	1997
	學制	全日	全日	全日	全日
	校長	馮麗儀女士	陸志昌先生	謝婉貞女士	李德衡先生
	收生類別	男女	男女	男女	男女
	宗教	基督教	基督教	基督教	基督教
	辦學團體	基督教香港信義會	靈光堂	中華基督教會灣仔堂	香港九龍塘基督教中華宣道會
	地址	土瓜灣炮仗街39號	馬頭圍盛德街36-38號	九龍城靠背壟道170號	紅磡德豐街21號
	校車服務	沒有	保姆車	保姆車	校車、保姆車
	A一條龍中學／B直屬中學／C聯繫中學	沒有	沒有	A：中華基督教會基道中學	沒有
	教師資歷（教育文憑%、學士%、碩士及博士或以上%、特殊教育培訓%）	86%、100%、10%、62%	100%、97%、30%、69%	100%、97%、44%、45%	100%、100%、31%、51%
收生資料	小一開班數目（23/24、24/25（預計））	1、1	2、2	3、3	5、5、5
	小一學額（23/24、24/25（預計））	△	△	△	155、130、130
	23/24年度自行收生階段報讀/甲、乙類取錄人數（平均分數）	△／△、△（△）	△／△、△（△）	△／△、△（△）	240／6、50（20）
22/23年度畢業生派位情況	獲派首三志願學校比率	92.70%	94%	98.60%	94%
	最多學生入讀的三所中學	華英中學、伊利沙伯中學、何明華會督銀禧中學	何明華會督銀禧中學、基督教女青年會丘佐榮中學	中華基督教會基道中學、伊利沙伯中學、迦密中學	基督教女青年會丘佐榮中學、華英中學、中華基督教會基道中學

註：（小班）以25位或以下學生為一班　△校方未有提供資料　#以教育局在2023年所批核的班級數目為準。

分區	九龍城區	九龍城區	九龍城區	九龍城區
學校名稱	聖公會奉基小學	聖公會聖提摩太小學	馬頭涌官立小學（紅磡灣）	聖公會奉基千禧小學

基本資料	校網/學校編號	35	35	35	35
	網址	www.fungkei.edu.hk	www.stps.edu.hk	www.mtchhb.edu.hk	www.fkmps.edu.hk
	電話	2764 8909	2362 5953	2363 8989	2362 7123
	主要教學語言	中文	粵語、國語、英語	中文	粵語、國語
	創校年份	1988	1887	1962	2001
	學制	全日	全日	全日	全日
	校長	黃悅明博士	田少斌先生	吳炎婷女士	林美寶女士
	收生類別	男女	男女	男女	男女
	宗教	基督教	基督教	不適用	基督教
	辦學團體	聖公宗（香港）小學監理委員會有限公司	聖公宗（香港）小學監理委員會有限公司	政府	聖公宗（香港）小學監理委員會有限公司
	地址	紅磡黃埔花園德定街4號	紅磡鶴園街14及19號	紅磡灣愛景街3號	紅磡黃埔花園德定街2號
	校車服務	校車	保姆車	校車、保姆車	校車
	A一條龍中學/B直屬中學/C聯繫中學	沒有	沒有	C：伊利沙伯中學、何文田官立中學、賽馬會官立中學	沒有
	教師資歷（教育文憑%、學士%、碩士及博士或以上%、特殊教育培訓%）	100%、100%、37%、49%	100%、100%、21%、34%	100%、98%、35%、50%	100%、100%、31%、55%
收生資料	小一開班數目（23/24、24/25（預計））	4、4	2、2	5、5	4、4
	小一學額（23/24、24/25（預計））	100、100	50、50	△	100、100、100
	23/24年度自行收生階段報讀/甲、乙類取錄人數（平均分數）	△／△、△（△）	30／13、17（15）	△／△、△（△）	△／△、△（△）
22/23年度畢業生派位情況	獲派首三志願學校比率	98%	97.90%	92%	97%
	最多學生入讀的三所中學	旅港開平商會中學、聖公會聖三一堂中學、順德聯誼總會胡兆熾中學	旅港開平商會中學、何文田官立中學、華英中學	△	華英中學、迦密中學、基督教女青年會丘佐榮中學

註：（小班）以25位或以下學生為一班　△校方未有提供資料　# 以教育局在2023年所批核的班級數目為準。

升小準備　統一派位　叩門必修　封面故事　專家貼士　學校資料 香港區　學校資料 九龍區　學校資料 新界區

分區	九龍城區	九龍城區	九龍城區	九龍城區
學校名稱	葛量洪校友會黃埔學校	天神嘉諾撒學校	嘉諾撒聖家學校（九龍塘）	耀山學校
校網 / 學校編號	35	35	41	41
網址	www.gcewps.edu.hk	www.hacs.edu.hk	www.holyfamilykt.edu.hk	www.iushan.edu.hk
電話	2334 3673	2362 4448	2336 5981	2336 2115
主要教學語言	中文	中文	中文	中文
創校年份	1997	1958	1954	1950
學制	全日	全日	全日	全日
校長	李耀寶先生	呂寶琦女士	陳潔姮女士	石禮仁先生
收生類別	男女	女	女	男女
宗教	不適用	天主教	天主教	不適用
辦學團體	葛量洪教育學院校友會	嘉諾撒仁愛女修會	嘉諾撒仁愛女修會	香港五邑工商總會
地址	紅磡黃埔花園德安街30號	紅磡鶴園街21號	九龍塘添福路8號	九龍塘嘉林邊道24號
校車服務	沒有	保姆車	校車	保姆車
A一條龍中學 / B直屬中學 / C聯繫中學	沒有	A：嘉諾撒聖瑪利書院	B：嘉諾撒聖家書院	沒有
教師資歷（教育文憑%、學士%、碩士及博士或以上%、特殊教育培訓%）	100%、98%、44%、58%	97%、97%、27%、38%	100%、100%、56%、57.4%	94%、100%、22%、89%
小一開班數目（23/24、24/25（預計））	4、4	3、3	4、4	1、1
小一學額（23/24、24/25（預計））	△	△	120、120	△
23/24年度自行收生階段報讀/甲、乙類取錄人數（平均分數）	△ / △、△（△）	△ / △、△（△）	97 / 33、27（20.6）	△ / △、△（△）
獲派首三志願學校比率	△	△	98.80%	△
最多學生入讀的三所中學	△	嘉諾撒聖瑪利書院	嘉諾撒聖家書院	△

左欄分類：基本資料／收生資料／22/23年度畢業生派位情況

註：（小班）以25位或以下學生為一班　△校方未有提供資料　#以教育局在2023年所批核的班級數目為準。

分區	九龍城區	九龍城區	九龍城區	九龍城區
學校名稱	拔萃小學	嘉諾撒聖家學校	華德學校	中華基督教會基華小學（九龍塘）
校網 / 學校編號	41	41	41	41
網址	www.dps.edu.hk	www.hfkc.edu.hk	www.bishopwalsh.edu.hk	www.kwpskt.edu.hk
電話	2336 1448	2382 1035	2337 2058	2267 6676
主要教學語言	英文	中文	粵語、國語、英語	中文
創校年份	1950	1954	1963	1964
學制	全日	全日	全日	全日
校長	伍穎儀女士	何佩芳女士	盧淑儀女士	鄭雪英女士
收生類別	男女	女	男女	男女
宗教	基督教（聖公會）	天主教	天主教	基督教
辦學團體	拔萃小學校董會	嘉諾撒仁愛女修會	天主教香港教區	中華基督教會香港區會
地址	九龍塘志士達道1號	九龍城聯合道102號	樂富聯合道150號	九龍塘牛津道1號B
校車服務	校車	校車	校車	校車、保姆車
A一條龍中學 / B直屬中學 / C聯繫中學	沒有	B：嘉諾撒聖家書院	沒有	沒有
教師資歷（教育文憑%、學士%、碩士及博士或以上%、特殊教育培訓%）	100%、100%、48%、57%	100%、98%、37%、67%	100%、100%、26%、43%	100%、100%、20%、23.4%
小一開班數目（23/24、24/25（預計））	2、2	3、3	4、4	4、4
小一學額（23/24、24/25（預計））	△	90、90	100、100	120、120
23/24年度自行收生階段報讀/甲、乙類取錄人數（平均分數）	△ / △、△（△）	△ / △、△（△）	△ / 32、20（20）	△ / △、△（△）
獲派首三志願學校比率	△	△	94%	94%
最多學生入讀的三所中學	△	△	迦密中學、旅港開平商會中學、何明華會督銀禧中學	△

基本資料 / 收生資料 / 22/23年度畢業生派位情況

升小準備　統一派位　叩門必修　封面故事　專家貼士

學校資料 香港區　學校資料 九龍區　學校資料 新界區

分區	九龍城區	九龍城區	九龍城區	九龍城區
學校名稱	九龍塘天主教華德學校	九龍塘官立小學	喇沙小學	瑪利諾修院學校（小學部）
校網 / 學校編號	41	41	41	41
網址	www.ktbwcs.edu.hk	www.klntong.edu.hk	www.la-salle.edu.hk	www.mcsps.edu.hk
電話	2337 3768	2336 0991	2336 2609	2336 0611
主要教學語言	粵語、國語、英語	中文	粵語、國語、英語	英文
創校年份	1963	1956	1957	1925
學制	全日	全日	全日	全日
校長	王伯基先生	曾錫文先生	黎月兒女士	袁淑華校長
收生類別	男女	男女	男	女
宗教	天主教	不適用	天主教	天主教
辦學團體	天主教香港教區	政府	香港喇沙修士會	瑪利諾修院學校基金有限公司
地址	九龍塘延文禮士道39號	九龍塘添福道6號	九龍塘喇沙利道1D	九龍城窩打老道130號
校車服務	校車、保姆車	校車	校車	校車
A一條龍中學 / B直屬中學 / C聯繫中學	沒有	C：伊利沙伯中學、何文田官立中學、賽馬會官立中學	B：喇沙書院	B：瑪利諾修院學校（中學部）
教師資歷（教育文憑%、學士%、碩士及博士或以上%、特殊教育培訓%）	94%、98%、28%、50%	100%、98%、39%、63%	100%、100%、54%、44%	100%、100%、47%、32%
小一開班數目（23/24、24/25（預計））	4、4	4、4	6、6	5、5
小一學額（23/24、24/25（預計））	△	100、100	180、180	150、150
23/24年度自行收生階段報讀/甲、乙類取錄人數（平均分數）	△ / △、△（△）	△ / △、△（△）	△ / △、△（△）	△ / △、△（△）
獲派首三志願學校比率	△	77%	△	△
最多學生入讀的三所中學	協恩中學、華英中學、東華三院黃笏南中學	伊利沙伯中學、迦密中學、東華三院黃笏南中學	△	△

註：(小班)以25位或以下學生為一班　△校方未有提供資料　#以教育局在2023年所批核的班級數目為準。

分區	深水埗區	深水埗區	深水埗區	深水埗區
學校名稱	中華基督教會協和小學（長沙灣）	五邑工商總會學校	福榮街官立小學	天主教善導小學
校網／學校編號	40	40	40	40
網址	www.heepwohcsw.edu.hk	www.fdbwa.edu.hk	www.fwsgps.edu.hk	www.gccps.edu.hk
電話	2111 9099	2307 1017	2386 9426	2386 5392
主要教學語言	粵語、國語、英語	中文	中文	中文
創校年份	1911	1957	1958	1960
學制	全日	全日	全日	全日
校長	蔡世鴻先生	黃錦耀先生	鄭玉清女士	方富祥先生
收生類別	男女	男女	男女	男女
宗教	基督教	不適用	不適用	天主教
辦學團體	中華基督教會香港區會	香港五邑工商總會	政府	天主教香港教區
地址	深水埗東京街18號	深水埗永康街70號	深水埗福榮街231號	深水埗廣利道9號
校車服務	校車	保姆車	沒有	校車
A一條龍中學／B直屬中學／C聯繫中學	沒有	沒有	C：荃灣官立中學、何文田官立中學、九龍工業學校、賽馬會官立中學	沒有
教師資歷（教育文憑%、學士%、碩士及博士或以上%、特殊教育培訓%）	100%、98.4%、32.8%、61.4%	100%、100%、37.5%、60%	98%、98%、34%、55%	98%、100%、27%、40%
小一開班數目（23/24、24/25（預計））	5、5	3、3	4、4	4、4
小一學額（23/24、24/25（預計））	150、150	81、81	△	△
23/24年度自行收生階段報讀/甲、乙類取錄人數（平均分數）	300／53、30（20）	△／△、△（△）	△／△、△（△）	△／△、△（△）
獲派首三志願學校比率	97%	87%	△	97.50%
最多學生入讀的三所中學	中華基督教會銘賢書院、寶血上智英文書院、長沙灣天主教英文中學	佛教大雄中學、聖公會聖馬利亞堂莫慶堯中學、中聖書院	△	佛教大雄中學、聖母玫瑰書院、寶血會上智英文書院

左側縱列標示：基本資料／收生資料／22/23年度畢業生派位情況

註：（小班）以25位或以下學生為一班　　△校方未有提供資料　　#以教育局在2023年所批核的班級數目為準。

升小準備 統一派位 叩門必修 封面故事 專家貼士 香港區 九龍區 新界區 學校資料 學校資料 學校資料

	分區	深水埗區	深水埗區	深水埗區	深水埗區
	學校名稱	香港四邑商工總會新會商會學校	旅港開平商會學校	寶血會嘉靈學校	荔枝角天主教小學
基本資料	校網／學校編號	40	40	40	40
	網址	www.sycias.edu.hk	www.hpccps.edu.hk	www.kalingpb.edu.hk	www.lcps.edu.hk
	電話	2777 9515	2387 5605	2386 4542	2743 3836
	主要教學語言	中文	粵語、國語	粵語、國語	中文
	創校年份	1963	1965	1969	2002
	學制	全日	全日	全日	全日
	校長	張寶璋先生	詹漢明先生	馮敏兒女士	劉偉傑先生
	收生類別	男女	男女	男女	男女
	宗教	不適用	不適用	天主教	天主教
	辦學團體	香港四邑商工總會	旅港開平教育機構有限公司	耶穌寶血女修會	天主教香港教區
	地址	大坑東棠蔭街21號	長沙灣荔枝角道700號	深水埗海壇街280號	深水埗興華街西6號
	校車服務	保姆車	校車、保姆車	校車	校車、保姆車
	A一條龍中學／B直屬中學／C聯繫中學	C：香港四邑商工總會黃棣珊紀念中學	沒有	沒有	沒有
	教師資歷（教育文憑%、學士%、碩士及博士或以上%、特殊教育培訓%）	90%、100%、37%、54%	100%、100%、40%、23%	100%、100%、33%、44.8%	100%、98%、45%、56.1%
收生資料	小一開班數目（23/24、24/25（預計））	2、2	4、5	5、5	5、5
	小一學額（23/24、24/25（預計））	△	108、135	△	150、150
	23/24年度自行收生階段報讀/甲、乙類取錄人數（平均分數）	△ / △、△（△）	△ / △、△（△）	△ / △、△（△）	△ / 45、30（△）
22/23年度畢業生派位情況	獲派首三志願學校比率	△	△	94.40%	86.21%
	最多學生入讀的三所中學	△	△	△	寶血會上智英文書院、長沙灣天主教英文中學、德雅中學

註：(小班)以25位或以下學生為一班　△校方未有提供資料　#以教育局在2023年所批核的班級數目為準。

分區	深水埗區	深水埗區	深水埗區	深水埗區
學校名稱	李鄭屋官立小學	瑪利諾神父教會學校（小學部）	長沙灣天主教小學	深水埗官立小學
基本資料				
校網 / 學校編號	40	40	40	40
網址	www.lcu.edu.hk	www.mfsp.edu.hk	cswcps.edu.hk	www.sspgps.edu.hk
電話	2386 8243	2778 8235	2776 1423	2959 0555
主要教學語言	英文	中文	中文	中文
創校年份	1958	1957	1973	2002
學制	全日	全日	全日	全日
校長	徐秀雯女士	吳偉文博士	謝至美女士	黃鳳霞女士
收生類別	男女	男女	男女	男女
宗教	不適用	天主教	天主教	不適用
辦學團體	政府	美國天主教傳教會	天主教香港教區	政府
地址	深水埗東京街43號	深水埗海麗街11號	長沙灣東京街7號	深水埗深旺道101號
校車服務	校車	校車、保姆車	校車	校車
A一條龍中學 / B直屬中學 / C聯繫中學	C：官立嘉道理爵士中學（西九龍）	B：瑪利諾神父教會學校	沒有	C：荃灣官立中學、何文田官立中學、賽馬會官立中學、九龍工業中學
教師資歷（教育文憑%、學士%、碩士及博士或以上%、特殊教育培訓%）	100%、100%、35%、55%	100%、100%、50%、71%	100%、98%、35%、47%	100%、100%、42%、63%
收生資料				
小一開班數目（23/24、24/25（預計））	4、4	4、4	5、5	4、5
小一學額（23/24、24/25（預計））	100、100	100、100	125、125	△
23/24年度自行收生階段報讀/甲、乙類取錄人數（平均分數）	△ / △、△（△）	150 / 35、20（20）	△ / △、△（△）	△ / △、△（△）
22/23年度畢業生派位情況				
獲派首三志願學校比率	△	91%	81%	81%
最多學生入讀的三所中學	△	瑪利諾神父教會學校、長沙灣天主教英文中學、聖母玫瑰書院	△	荃灣官立中學、九龍工業學校、長沙灣天主教英文中學

註：（小班）以 25 位或以下學生為一班　△校方未有提供資料　# 以教育局在 2023 年所批核的班級數目為準。

升小準備　統一派位　叩門必修　封面故事　專家貼士　學校資料 香港區　學校資料 九龍區　學校資料 新界區

分區	深水埗區	深水埗區	深水埗區	深水埗區
學校名稱	深水埔街坊福利會小學	聖公會基福小學	聖公會基愛小學	聖公會聖安德烈小學
校網 / 學校編號	40	40	40	40
網址	sspkw.edu.hk	www.keifook.edu.hk	www.keioi.edu.hk	www.skhstandrews.edu.hk
電話	2381 9504	2387 1121	2386 2463	2959 1551
主要教學語言	中文	中文	粵語、國語、英語	中文
創校年份	1964	2005	1958	2006
學制	全日	全日	全日	全日
校長	張麗雲女士	朱偉基先生	張樂霈女士	譚先明先生
收生類別	男女	男女	男女	男女
宗教	不適用	基督教	基督教	基督教
辦學團體	深水埔街坊福利事務促進會	聖公宗（香港）小學監理委員會有限公司	聖公宗（香港）小學監理委員會有限公司	聖公宗（香港）小學監理委員會有限公司
地址	深水埗汝州街88號	深水埗長沙灣道555號	深水埗廣利道15號	深水埗海麗街3號
校車服務	沒有	校車、保姆車	校車	校車
A一條龍中學 / B直屬中學 / C聯繫中學	沒有	沒有	沒有	沒有
教師資歷（教育文憑%、學士%、碩士及博士或以上%、特殊教育培訓%）	100%、100%、34%、50%	100%、97%、31%、56%	100%、100%、25%、45%	99%、99%、41%、39%
小一開班數目（23/24、24/25（預計））	2、2	6、6	4、4	6、6
小一學額（23/24、24/25（預計））	△	180、180	100、100	△
23/24年度自行收生階段報讀/甲、乙類取錄人數（平均分數）	△ / △、△（△）	△ / △、△（△）	△ / 21、29（△）	△ / △、△（△）
獲派首三志願學校比率	96%	96%	81%	96%
22/23年度畢業生派位情況 最多學生入讀的三所中學	△	香港四邑商工總會黃棣珊紀念中學、中華基督教會銘賢書院、德雅中學	△	匯基書院、中華基督教會銘賢書院、路德會協同中學

註：(小班)以25位或以下學生為一班　△校方未有提供資料　#以教育局在2023年所批核的班級數目為準。

分區	深水埗區	深水埗區	深水埗區	深水埗區
學校名稱	聖公會聖多馬小學	聖方濟愛德小學	基督教香港信義會深信學校	大坑東宣道小學
校網 / 學校編號	40	40	40	40
網址	www.skhstthomas.edu.hk	www.sfacs.edu.hk	www.fls.edu.hk	www.apstht.edu.hk
電話	2779 3076	2777 2752	2779 2744	2777 8949
主要教學語言	粵語、國語	粵語、國語、英語	中文	中文
創校年份	1924	1962	1963	1965
學制	全日	全日	全日	全日
校長	徐麗賢女士	王澤純女士	潘自榮先生	劉雪綸女士
收生類別	男女	男女	男女	男女
宗教	基督教	天主教	基督教	基督教
辦學團體	聖公宗（香港）小學監理委員會有限公司	天主教香港教區	基督教香港信義會	香港九龍塘基督教中華宣道會
地址	深水埗東沙島街145號	石硤尾偉智街7號	石硤尾培德街8號及南昌街221號	大坑東棠蔭街13號及23號
校車服務	校車	保姆車	校車	保姆車
A一條龍中學 / B直屬中學 / C聯繫中學	沒有	C：長沙灣天主教英文中學	沒有	沒有
教師資歷（教育文憑%、學士%、碩士及博士或以上%、特殊教育培訓%）	98%、100%、29%、40%	100%、98%、47%、42%	100%、100%、28%、20%	100%、100%、35%、48%
小一開班數目（23/24、24/25（預計））	3、3	4、4	2、2	4、4
小一學額（23/24、24/25（預計））	90、90	120、120	△	△
23/24年度自行收生階段報讀/甲、乙類取錄人數（平均分數）	△ / △、△（△）	△ / △、△（△）	△ / △、△（△）	△ / △、△（△）
獲派首三志願學校比率	97%	92%	△	89.15%
最多學生入讀的三所中學	聖母玫瑰書院、浸信會呂明才中學、中華基督教會銘賢書院	喇沙書院、華仁書院（九龍）、伊利沙伯中學	英華書院、寶血會上智英文書院、中華基督教會銘賢書院	中華基督教會銘賢書院、寶血會上智英文書院、長沙灣天主教英文中學

基本資料 / 收生資料 / 22/23年度畢業生派位情況

多馬童心展才華

註：（小班）以 25 位或以下學生為一班　　△校方未有提供資料　　# 以教育局在 2023 年所批核的班級數目為準。

升小準備 統一派位 叩門必修 封面故事 專家貼士 學校資料 香港區 學校資料 九龍區 學校資料 新界區

分區	深水埗區	黃大仙區	黃大仙區	黃大仙區
學校名稱	聖公會聖紀文小學	黃大仙官立小學	浸信會天虹小學	福德學校
校網 / 學校編號	40	43	43	43
網址	www.skhscps.edu.hk	www.wtsgps.edu.hk	www.rainbow.edu.hk	www.bfordms.edu.hk
電話	2361 5663	2320 2437	2328 7971	2336 0206
主要教學語言	中文	中文	中文	粵語、國語、英語
創校年份	1969	1959	1984	1953
學制	全日	全日	全日	全日
校長	馬俊江先生	關玉芬女士	馮耀章先生	衞智立先生
收生類別	男女	男女	男女	男女
宗教	基督教	不適用	基督教	天主教
辦學團體	聖公宗(香港)小學監理委員會有限公司	政府	香港浸信會聯會	天主教香港教區
地址	長沙灣幸福街5號	黃大仙正德街100號	黃大仙竹園南村	黃大仙東頭邨培民街20號
校車服務	校車、保姆車	保姆車	校車	校車
A一條龍中學 / B直屬中學 / C聯繫中學	沒有	C:觀塘官立中學、何文田官立中學、賽馬會官立中學	沒有	沒有
教師資歷(教育文憑%、學士%、碩士及博士或以上%、特殊教育培訓%)	100%、100%、36%、39%	100%、95%、28%、60%	100%、100%、40%、53.5%	△、100%、40%、74.4%
小一開班數目(23/24、24/25(預計))	4、4	1、2	4、4	4、4
小一學額(23/24、24/25(預計))	△	25、50	100、100	100、100
23/24年度自行收生階段報讀/甲、乙類取錄人數(平均分數)	△ / △、△(△)	△ / △、△(△)	78 / 23、27(17)	△ / △、△(△)
獲派首三志願學校比率	91%	96%	98%	△
最多學生入讀的三所中學	中華基督教會銘賢書院、長沙灣天主教英文中學、匯基書院	保良局第一張永慶中學、保良局何蔭棠中學、中華基督教會協和書院	五旬節聖潔會永光書院、樂善堂余近卿中學、香港神託會培敦中學	△

左側欄:基本資料 / 收生資料 / 22/23年度畢業生派位情況

註:(小班)以25位或以下學生為一班 △校方未有提供資料 #以教育局在2023年所批核的班級數目為準。

分區	黃大仙區	黃大仙區	黃大仙區	黃大仙區
學校名稱	天主教伍華小學	保良局陳南昌夫人小學	天主教博智小學	嘉諾撒小學
基本資料 校網 / 學校編號	43	43	43	43
網址	www.nwcps.edu.hk	www.plkcnc.edu.hk	www.pmcps.edu.hk	www.cpswts.edu.hk
電話	2383 8079	2759 9365	2328 8033	2322 2445
主要教學語言	中文	中文	中文	中文
創校年份	1965	1978	1963	1968
學制	全日	全日	全日	全日
校長	黃玉嬋女士	陳雪筠女士	何妙賢女士	孫福晉先生
收生類別	男女	男女	男女	男女
宗教	天主教	不適用	天主教	天主教
辦學團體	天主教香港教區	保良局	天主教香港教區	嘉諾撒仁愛女修會
地址	新蒲崗彩虹道5號	新蒲崗康強街30號	黃大仙竹園道53號天馬苑	黃大仙親仁街5號
校車服務	校車	保姆車	校車	校車
A一條龍中學 / B直屬中學 / C聯繫中學	B：天主教伍華中學	C：保良局第一張永慶中學	沒有	沒有
教師資歷 (教育文憑%、學士%、碩士及博士或以上%、特殊教育培訓%)	100%、100%、12%、56%	100%、65%、35%、64%	100%、97%、26%、53%	100%、90%、18%、50%
收生資料 小一開班數目 (23/24、24/25 (預計))	4、3	3、3	1、1	4、4
小一學額 (23/24、24/25 (預計))	△	△	△	△
23/24年度自行收生階段報讀/甲、乙類取錄人數 (平均分數)	△ / △、△ (△)	△ / △、△ (△)	△ / △、△ (△)	△ / △、△ (△)
22/23 年度畢業生派位情況 獲派首三志願學校比率	∧	98% (首五志願)	96%	100%
最多學生入讀的三所中學	△	嗇色園主辦可立中學、中華基督教會基協中學、佛教孔仙洲紀念中學	中華基督教會協和書院、瑪利諾修院學校（中學部）、保良局第一張永慶中學	拔萃女書院、嘉諾撒聖瑪利書院、聖保祿學校

註：（小班）以 25 位或以下學生為一班　△校方未有提供資料　#以教育局在 2023 年所批核的班級數目為準。

升小準備｜統一派位｜叩門必修｜封面故事｜專家貼士｜香港區 學校資料｜九龍區 學校資料｜新界區 學校資料

分區	黃大仙區	黃大仙區	黃大仙區	黃大仙區
學校名稱	聖公會基德小學	聖博德學校	黃大仙天主教小學	黃大仙官立小學
校網 / 學校編號	43	43	43	43
網址	www.skhkt.edu.hk	www.sps.edu.hk	www.e-wong.edu.hk	www.wtsgps.edu.hk
電話	2320 3077	2337 0133	2320 8367	2320 2437
主要教學語言	中文	中文	粵語、國語、英語	中文
創校年份	1962	1965	1962	1959
學制	全日	全日	全日	全日
校長	劉強先生	張作芳女士	舒敬先生	關玉芬女士
收生類別	男女	男女	男女	男女
宗教	基督教	天主教	天主教	不適用
辦學團體	聖公宗（香港）小學監理委員會有限公司	天主教香港教區	天主教香港教區	政府
地址	黃大仙大成街	橫頭磡富美東街12號	黃大仙正德街102號	黃大仙正德街100號
校車服務	沒有	保姆車	沒有	保姆車
A一條龍中學 / B直屬中學 / C聯繫中學	沒有	沒有	沒有	C：觀塘官立中學、何文田官立中學、賽馬會官立中學
教師資歷（教育文憑%、學士%、碩士及博士或以上%、特殊教育培訓%）	100%、98%、35%、59%	94%、100%、29%、57%	100%、100%、37%、40%	100%、95%、28%、60%
小一開班數目（23/24、24/25（預計））	4、4	4、4	2、2	1、2
小一學額（23/24、24/25（預計））	100、100	△	△	25、50
23/24年度自行收生階段報讀/甲、乙類取錄人數（平均分數）	50 / 19、31（15）	△ / △、△（△）	△ / △、△（△）	△ / △、△（△）
獲派首三志願學校比率	90%	93%	△	96%
最多學生入讀的三所中學	中華基督教會協和書院、可立中學、五旬節聖潔會永光書院	迦密中學、華英中學、民生書院	△	保良局第一張永慶中學、保良局何蔭棠中學、中華基督教會協和書院

基本資料 / 收生資料 / 22/23年度畢業生派位情況

註：(小班)以25位或以下學生為一班　△校方未有提供資料　#以教育局在2023年所批核的班級數目為準。

分區	黃大仙區	黃大仙區	黃大仙區	黃大仙區
學校名稱	獻主會溥仁小學	中華基督教會基華小學	彩雲聖若瑟小學	真鐸學校
校網 / 學校編號	43	45	45	45
網址	www.e-wong.edu.hk	www.keiwa.edu.hk	www.cwsj.edu.hk	www.cts.edu.hk
電話	2382 3474	2320 0683	2755 7180	2326 5111
主要教學語言	中文	粵語、國語	中文	中文
創校年份	1965	1964	1982	1935
學制	全日	全日	全日	全日
校長	余詩慧女士	林逸龍先生	朱家樑先生	陳德安先生
收生類別	男女	男女	男女	男女
宗教	天主教	基督教	天主教	基督教
辦學團體	無玷聖母獻主會	中華基督教會香港區會	天主教香港教區	真鐸學校
地址	黃大仙樂善道15號	黃大仙彩虹邨黃菊路3號	牛池灣彩雲邨第二小學	鑽石山斧山道171號
校車服務	保姆車	保姆車	保姆車	保姆車
A一條龍中學 / B直屬中學 / C聯繫中學	沒有	沒有	沒有	沒有
教師資歷(教育文憑%、學士%、碩士及博士或以上%、特殊教育培訓%)	100%、100%、67%、43%	100%、100%、40%、66%	100%、100%、43%、43%	92%、100%、51%、64%
小一開班數目(23/24、24/25(預計))		4、4	4、3	3、2
小一學額(23/24、24/25(預計))	*學校預計將於2026年停辦	△	100、75	△
23/24年度自行收生階段報讀/甲、乙類取錄人數(平均分數)		△ / △、△(△)	△ / △、△(△)	△ / △、△(△)
獲派首三志願學校比率		98%	96.08%	91.60%
最多學生入讀的三所中學		寶血會上智英文書院、華仁書院(九龍)、港島民生書院	保良局第一張永慶中學、聖保羅書院、中華基督教會協和書院	中華基督教會協和書院、南亞路德會沐恩中學、德愛中學

基本資料 / 收生資料 / 22/23 年度畢業生派位情況

註：(小班) 以 25 位或以下學生為一班　△校方未有提供資料　# 以教育局在 2023 年所批核的班級數目為準。

分區	黃大仙區	黃大仙區	黃大仙區	黃大仙區
學校名稱	嗇色園主辦可立小學	伊斯蘭鮑伯濤紀念小學	保良局錦泰小學	聖文德天主教小學
校網 / 學校編號	45	45	45	45
網址	www.holap-p.edu.hk	www.idpmps.edu.hk	www.grandmont.edu.hk	www.sbcps.edu.hk
電話	2321 6003	2320 1300	2326 2886	2320 2727
主要教學語言	中文	英文	中文	粵語、國語、英語
創校年份	1996	1997	1971	1966
學制	全日	全日	全日	全日
校長	吳樹東先生	石志端女士	吳嘉慧女士	李國釗先生
收生類別	男女	男女	男女	男女
宗教	儒釋道三教	伊斯蘭教	不適用	天主教
辦學團體	嗇色園	中華回教博愛社	保良局	香港天主教方濟會
地址	慈雲山雙鳳街88號	慈雲山慈樂邨第一期校舍	黃大仙蒲崗村道180號	鑽石山鳳禮道4號
校車服務	校車	校車	校車	校車、保姆車
A一條龍中學 / B直屬中學 / C聯繫中學	沒有	沒有	C：保良局第一張永慶中學	C：聖文德書院
教師資歷（教育文憑%、學士%、碩士及博士或以上%、特殊教育培訓%）	98%、100%、44%、58%	81%、100%、56%、83%	100%、95%、35%、50%	88%、100%、28%、△
小一開班數目（23/24、24/25（預計））	6、5	2、2	5、5	5、5
小一學額（23/24、24/25（預計））	△	△	125、125	125、125
23/24年度自行收生階段報讀/甲、乙類取錄人數（平均分數）	△ / △、△（△）	△ / △、△（△）	△ / △、△（△）	△ / △、△（△）
獲派首三志願學校比率	97.60%	97%（首二志願）	93%（第一志願）	98%
最多學生入讀的三所中學	嗇色園主辦可立中學、保良局何蔭棠中學、德愛中學	瑪利諾修院學校（中學部）、保良局顏寶鈴書院、啟思中學	保良局第一張永慶中學、保良局何蔭棠中學、中華基督教會協和書院	△

基本資料 ｜ 收生資料 ｜ 22/23年度畢業生派位情況

升小準備　統一派位　叩門必修　封面故事　專家貼士　學校資料 香港區　學校資料 九龍區　學校資料 新界區

註：(小班)以25位或以下學生為一班　△校方未有提供資料　#以教育局在2023年所批核的班級數目為準。

分區	黃大仙區	黃大仙區	黃大仙區	黃大仙區
學校名稱	聖博德天主教小學（蒲崗村道）	中華基督教會基慈小學	慈雲山天主教小學	慈雲山聖文德天主教小學
校網 / 學校編號	45	45	45	45
網址	www.spcpspkv.edu.hk	www.keitsz.edu.hk	www.twcps.edu.hk	www.tsbcps.edu.hk
電話	2246 0783	2326 5742	2327 3332	2320 6226
主要教學語言	粵語、國語、英語	中文	中文	粵語、國語、英語
創校年份	1965	1968	2002	1966
學制	全日	全日	全日	全日
校長	陳麗珠博士	趙潔華女士	黃綺霞女士	林偉才先生
收生類別	男女	男女	男女	男女
宗教	天主教	基督教	天主教	天主教
辦學團體	天主教香港教區	中華基督教會香港區會	天主教香港教區	香港天主教方濟會
地址	黃大仙蒲崗村道178號	慈雲山慈雲山道152號	黃大仙蒲崗村道172號	慈雲山慈正邨第二期寧華街
校車服務	校車	保姆車	校車	校車
A一條龍中學 / B直屬中學 / C聯繫中學	沒有	B：中華基督教會協和書院、中華基督教會扶輪中學、中華基督教會基協中學	沒有	C：聖文德書院
教師資歷（教育文憑%、學士%、碩士及博士或以上%、特殊教育培訓%）	100%、100%、35%、33%	100%、100%、36%、40%	90%、100%、34%、37%	100%、98%、35%、38%
小一開班數目（23/24、24/25（預計））	5、5	2、4	5、5	2、3
小一學額（23/24、24/25（預計））	△	50、100	△	△
23/24年度自行收生階段報讀/甲、乙類取錄人數（平均分數）	△ / △、△（△）	32 / 20、12（15）	△ / △、△（△）	△ / △、△（△）
獲派首三志願學校比率	100%	91%	97.40%	△
最多學生入讀的三所中學	△	中華基督教會協和書院、香港神召會培敦中學、五旬節聖潔會永光書院	中華基督教會協和書院、民生書院、伊利沙伯中學	保良局何蔭棠中學、德愛中學、保良局第一張永慶中學

基本資料 / 收生資料 / 22/23年度畢業生派位情況

註：（小班）以25位或以下學生為一班　△校方未有提供資料　# 以教育局在2023年所批核的班級數目為準。

升小準備 統一派位 叩門必修 封面故事 專家貼士 學校資料 香港區 學校資料 九龍區 學校資料 新界區

分區	黃大仙區	黃大仙區	觀塘區	九龍城區
學校名稱	孔教學院大成小學	嘉諾撒小學（新蒲崗）	佛教慈敬學校	迦密梁省德學校
校網 / 學校編號	45	45	46	46
網址	www.taishingprimary.edu.hk	www.cps.edu.hk	www.bckps.edu.hk	www.clst.edu.hk
電話	2320 3301	2323 8883	2759 4504	2342 2455
主要教學語言	中文及英文	中文	中文及英文	中文
創校年份	1931	1968	1969	1979
學制	全日	全日	全日	全日
校長	袁潘淑嫻女士	陳昌信先生	范秀琪女士	李小娟女士
收生類別	男女	男女	男女	男女
宗教	孔教儒家	天主教	佛教	基督教
辦學團體	香港孔教學院	嘉諾撒仁愛女修會	香港佛教聯合會	基督教興學會有限公司
地址	黃大仙大成街10號	新蒲崗彩頤里9號	九龍灣啟禮道12號	觀塘順安邨第二號校舍
校車服務	保姆車	校車	校車	保姆車
A一條龍中學 / B直屬中學 / C聯繫中學	沒有	沒有	沒有	沒有
教師資歷（教育文憑%、學士%、碩士及博士或以上%、特殊教育培訓%）	88%、100%、30%、30%	97%、100%、27%、34%	100%、100%、29%、41%	100%、98%、43%、63%
小一開班數目（23/24、24/25（預計））	1、2	6、6	4、4	4、4
小一學額（23/24、24/25（預計））	25、50	△	100、100	100、100
23/24年度自行收生階段報讀/甲、乙類取錄人數（平均分數）	26 / 5、19（12.9）	△ / △、△（△）	△ / △、△（△）	△ / △、△（△）
獲派首三志願學校比率	96%	93.62%	99%	△
最多學生入讀的三所中學	保良局何蔭棠中學、德愛中學、保良局顏寶鈴書院	中華基督教會協和書院、保良局第一張永慶中學、保良局何蔭棠中學	藍田聖保祿中學、保良局第一張永慶中學、景嶺書院	聖言中學、藍田聖保祿中學、順利天文教中學

基本資料 / 收生資料 / 22/23 年度畢業生派位情況

註：(小班)以25位或以下學生為一班　△校方未有提供資料　#以教育局在2023年所批核的班級數目為準。

分區	觀塘區	觀塘區	觀塘區	觀塘區
學校名稱	浸信宣道會呂明才小學	佐敦谷聖若瑟天主教小學	九龍灣聖若翰天主教小學	坪石天主教小學
校網 / 學校編號	46	46	46	46
網址	www.lmc.edu.hk	www.jvsj.edu.hk	www.kbsjb.edu.hk	www.psec.edu.hk
電話	2754 7024	2305 0061	2343 2311	2321 2988
主要教學語言	中文	中文	中文	粵語、國語、英語
創校年份	1983	2009	1962	1969
學制	全日	全日	全日	全日
校長	楊健德先生	曾智昌先生	高翠萍女士	王娟香女士
收生類別	男女	男女	男女	男女
宗教	基督教	天主教	天主教	天主教
辦學團體	香港浸信宣道會聯會有限公司	天主教香港教區	天主教香港教區	香港天主教教區
地址	九龍灣彩霞道78號	牛頭角彩霞道80號	觀塘啟業道23號	彩虹清水灣道10號
校車服務	校車	校車	校車	校車
A一條龍中學 / B直屬中學 / C聯繫中學	沒有	沒有	沒有	沒有
教師資歷（教育文憑%、學士%、碩士及博士或以上%、特殊教育培訓%）	100%、100%、30.8%、△%	100%、100%、34%、36%	100%、100%、40%、63%	100%、69%、31%、63%
小一開班數目（23/24、24/25（預計））	5、5	4、4	5、5	4、4
小一學額（23/24、24/25（預計））	125、125	108、108	125、125	100、100
23/24年度自行收生階段報讀/甲、乙類取錄人數（平均分數）	△ / △、△（20）	△ / △、△（△）	200 / 42、24（15）	△ / △、△（△）
獲派首三志願學校比率	96%	91%	88.20%	88.80%
最多學生入讀的三所中學	聖言中學、中華基督教會蒙民偉書院、寧波公學	聖若瑟英文中學、梁式芝書院、聖傑靈女子中學	觀塘瑪利諾中學、聖言中學、順利天主教中學	順利天主教中學、羅陳楚思中學、聖若瑟英文中學

左側縱向分類：基本資料　收生資料　22/23年度畢業生派位情況

註：（小班）以 25 位或以下學生為一班　　△校方未有提供資料　　# 以教育局在 2023 年所批核的班級數目為準。

升小準備　統一派位　叩門必修　封面故事　專家貼士　香港區　九龍區　新界區

學校資料　學校資料　學校資料

分區	觀塘區	觀塘區	觀塘區	觀塘區
學校名稱	天主教柏德學校	聖公會九龍灣基樂小學	中華基督教會基法小學（油塘）	香港道教聯合會圓玄學院陳呂重德紀念學校
校網 / 學校編號	46	46	48	48
網址	bpcs.edu.hk	www.kbkeilok.edu.hk	www.kfps.edu.hk	www.clcts.edu.hk
電話	2799 3003	2796 9393	2389 5458	2709 9978
主要教學語言	中文	中文	粵語、國語、英語	粵語、國語、英語
創校年份	1969	2003	1965	1996
學制	全日	全日	全日	全日
校長	唐國敏女士	林鳳儀校長	李寶文先生	梁俊傑先生
收生類別	男女	男女	男女	男女
宗教	天主教	基督教	基督教	道教
辦學團體	美國天主教傳教會	聖公宗（香港）小學監理委員會有限公司	中華基督教會香港區會	香港道教聯合會
地址	九龍灣宏照道6號	九龍灣啟仁街6號	油塘油塘道25號	油塘高超道高超徑5號
校車服務	校車	校車	校車	校車
A一條龍中學 / B直屬中學 / C聯繫中學	沒有	沒有	沒有	沒有
教師資歷（教育文憑%、學士%、碩士及博士或以上%、特殊教育培訓%）	100%、100%、38%、57%	98%、98%、23%、62%	100%、100%、45%、40%	100%、100%、35.7%、40.3%
小一開班數目（23/24、24/25（預計））	5、5	5、5	6、6	5、5
小一學額（23/24、24/25（預計））	125、125	△	156、156	125、125
23/24年度自行收生階段報讀/甲、乙類取錄人數（平均分數）	△ / △、△（△）	△ / △、△（△）	△ / △、△（△）	△ / 63、62（△）
獲派首三志願學校比率	93%	△	96%	91%
最多學生入讀的三所中學	△	△	藍田聖保祿中學、聖賢中學、中華基督教會蒙民偉書院。	藍田聖保祿中學、中華基督教會蒙民偉書院、新生命教育協會呂郭碧鳳中學

（基本資料／收生資料／22/23 年度畢業生派位情況）

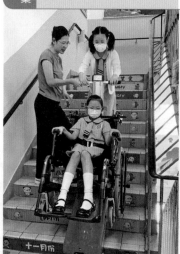

註：（小班）以 25 位或以下學生為一班　　△校方未有提供資料　　#以教育局在 2023 年所批核的班級數目為準。

分區	觀塘區	觀塘區	觀塘區	觀塘區
學校名稱	香港道教聯合會雲泉學校	觀塘官立小學	觀塘官立小學（秀明道）	藍田循道衞理小學
校網/學校編號	48	48	48	48
網址	www.hktawts.edu.hk	www.ktgps.edu.hk	www.ktgps-smr.edu.hk	www.ltmps.edu.hk
電話	2757 0854	2756 0762	2709 2220	2346 1033
主要教學語言	英文	中文	中文	國語、英語
創校年份	1969	1959	1959	1996
學制	全日	全日	全日	全日
校長	張寶雯女士	梁蕙君女士	袁藹儀女士	梁麗琪女士
收生類別	男女	男女	男女	男女
宗教	道教	不適用	不適用	基督教
辦學團體	香港道教聯合會	政府	政府	香港基督教循道衞理聯合教會
地址	牛頭角安善道牛頭角上邨	觀塘牛頭角道240號	秀茂坪秀明道130號	藍田平田邨安田街
校車服務	校車、保姆車	校車	校車	校車
A一條龍中學/B直屬中學/C聯繫中學	沒有	C：觀塘官立中學、何文田官立中學、觀塘功樂官立中學、賽馬會官立中學	C：觀塘官立中學、何文田官立中學、觀塘功樂官立中學、賽馬會官立中學	沒有
教師資歷（教育文憑%、學士%、碩士及博士或以上%、特殊教育培訓%）	97%、100%、54%、29%	100%、100%、23%、70%	98%、100%、33%、48%	100%、100%、43%、48%
小一開班數目（23/24、24/25（預計））	4、3	4、4	5、5	5、5
小一學額（23/24、24/25（預計））	100、75	△	△	△
23/24年度自行收生階段報讀/甲、乙類取錄人數（平均分數）	△/△、△（△）	△/△、△（△）	△/△、△（△）	△/△、△（△）
獲派首三志願學校比率	△	△	91%（第一志願）	94%
最多學生入讀的三所中學	△	△	觀塘官立中學、聖言中學、藍田聖保祿中學	聖言中學、觀塘瑪利諾書院、藍田聖保祿中學

（左側縱向分類：基本資料、收生資料、22/23年度畢業生派位情況）

註：（小班）以25位或以下學生為一班　△校方未有提供資料　#以教育局在2023年所批核的班級數目為準。

分區	觀塘區	觀塘區	觀塘區	觀塘區
學校名稱	樂華天主教小學	樂善堂楊仲明學校	閩僑小學	天主教佑華小學
校網 / 學校編號	48	48	48	48
網址	www.lwcps.edu.hk	www.ycmps.edu.hk	www.mkaps.edu.hk	www.oloccps.edu.hk
電話	2758 5767	2755 9195	2757 0490	2348 2366
主要教學語言	中文	粵語、國語、英語	中文及英文	粵語、國語
創校年份	2000	1985	1969	1961
學制	全日	全日	全日	全日
校長	邱寶祺女士	蕭子亮先生	葉淑婷女士	林堅先生
收生類別	男女	男女	男女	男女
宗教	天主教	不適用	不適用	天主教
辦學團體	天主教香港教區	九龍樂善堂	閩僑會館有限公司	天主教香港教區
地址	觀塘振華道81號	牛頭角樂華南邨振華道70號	牛頭角安善道牛頭角上邨	觀塘翠屏邨第四期屋邨小學
校車服務	校車	校車	保姆車	校車
A一條龍中學 / B直屬中學 / C聯繫中學	沒有	C：樂善堂王仲銘中學	沒有	沒有
教師資歷（教育文憑%、學士%、碩士及博士或以上%、特殊教育培訓%）	100%、100%、33%、36%	100%、95.1%、24.4%、63.4%	100%、98%、38%、42%	100%、100%、31%、34%
小一開班數目（23/24、24/25（預計））	4、4	2、3	4、3	4、3
小一學額（23/24、24/25（預計））	100、100	100、100	△	△
23/24年度自行收生階段報讀/甲、乙類取錄人數（平均分數）	△ / △、△（△）	33 / 9、24（△）	△ / △、△（△）	△ / △、△（△）
獲派首三志願學校比率	95%	88.76%	△	97%
最多學生入讀的三所中學	聖言中學、藍田聖保祿中學、聖傑靈女子中學	觀塘官立中學、聖傑靈女子中學、梁式芝書院	△	△

基本資料 / 收生資料 / 22/23年度畢業生派位情況

註：(小班)以25位或以下學生為一班　△校方未有提供資料　#以教育局在2023年所批核的班級數目為準。

分區	觀塘區	觀塘區	觀塘區	觀塘區
學校名稱	秀茂坪天主教小學	秀明小學	聖公會基顯小學	聖公會基樂小學
校網／學校編號	48	48	48	48
網址	www.smpcps.edu.hk	www.saumingps.edu.hk	www.skhkeihin.edu.hk	www.skhklps.edu.hk
電話	2348 4218	2349 3478	2750 7771	2755 5611
主要教學語言	粵語、國語	粵語、國語、英語	中文	粵語、國語、英語
創校年份	1971	2001	1968	1983
學制	全日	全日	全日	全日
校長	葉春燕女士	陳俊敏女士	鍾淑玲女士	陳智明先生
收生類別	男女	男女	男女	男女
宗教	天主教	不適用	基督教	基督教
辦學團體	天主教香港教區	香港勞校教育機構有限公司	聖公宗（香港）小學監理委員會有限公司	聖公宗（香港）小學監理委員會有限公司
地址	觀塘寶達邨	秀茂坪秀豐街5號	牛頭角安善道牛頭角上邨	牛頭角樂華邨
校車服務	校車	保姆車	校車	校車
A一條龍中學／B直屬中學／C聯繫中學	沒有	沒有	沒有	沒有
教師資歷（教育文憑%、學士%、碩士及博士或以上%、特殊教育培訓%）	98%、100%、26%、33%	100%、100%、36%、60%	100%、100%、33%、51%	94%、100%、36%、54%
小一開班數目（23/24、24/25（預計））	4、3	5、5	4、4	4、4
小一學額（23/24、24/25（預計））	△	△	△	100、100
23/24年度自行收生階段報讀/甲、乙類取錄人數（平均分數）	△ / △、△（△）	△ / △、△（△）	△ / △、△（△）	△ / △、△（△）
獲派首三志願學校比率	△	△	99%	98%
最多學生入讀的三所中學	聖言中學、聖安當女書院、聖傑靈女子中學	聖言中學、順利天主教中學、藍田聖保祿中學	△	藍田聖保祿中學、聖傑靈女子中學、聖言中學

基本資料

收生資料

22/23年度畢業生派位情況

註：（小班）以25位或以下學生為一班　△校方未有提供資料　#以教育局在2023年所批核的班級數目為準。

升小準備 | 統一派位 | 叩門必修 | 封面故事 | 專家貼士 | 學校資料 香港區 | 學校資料 九龍區 | 學校資料 新界區

分區	觀塘區	觀塘區	觀塘區	觀塘區
學校名稱	聖公會李兆強小學	聖公會德田李兆強小學	聖公會聖約翰曾肇添小學	聖公會油塘基顯小學
基本資料 校網 / 學校編號	48	48	48	48
網址	www.skhlsk.edu.hk	www.skhttlsk.edu.hk	www.skhsjtst.edu.hk	www.skhykh.edu.hk
電話	2340 8383	2775 9338	2322 6125	2757 0322
主要教學語言	中文	中文	中文	粵語、國語、英語
創校年份	1996	1970	1969	2005
學制	全日	全日	全日	全日
校長	陳小燕女士	温志揚先生	金永添先生	蘇詠思女士
收生類別	男女	男女	男女	男女
宗教	基督教	基督教	基督教	基督教
辦學團體	聖公宗（香港）小學監理委員會有限公司	聖公宗（香港）小學監理委員會有限公司	聖公宗（香港）小學監理委員會有限公司	聖公宗（香港）小學監理委員會有限公司
地址	藍田平田邨安田街第一校舍	藍田慶田街3號	九龍觀塘安翠街11號	油塘油塘道23號
校車服務	校車	校車	校車、保姆車	校車
A一條龍中學 / B直屬中學 / C聯繫中學	沒有	沒有	沒有	沒有
教師資歷 (教育文憑%、學士%、碩士及博士或以上%、特殊教育培訓%)	100%、100%、33%、42%	98%、98%、37%、10%	100%、100%、41%、46%	100%、100%、49%、33%
收生資料 小一開班數目 (23/24、24/25（預計）)	5、5	5、5	5、5	6、6
小一學額 (23/24、24/25（預計）)	125、125	130、130	△	150、150
23/24年度自行收生階段報讀/甲、乙類取錄人數（平均分數）	△ / 33、30（25）	△ / △、△（△）	△ / △、△（△）	△ / △、△（△）
22/23年度畢業生派位情況 獲派首三志願學校比率	94.96%	93%	93%	△
最多學生入讀的三所中學	藍田聖保祿中學、聖言中學、順利天主教中學/聖傑靈女子中學	藍田聖保祿中學、聖言中學、觀塘瑪利諾書院	△	藍田聖保祿中學，聖傑靈女子中學，觀塘瑪利諾中學

註：(小班)以25位或以下學生為一班　△校方未有提供資料　#以教育局在2023年所批核的班級數目為準。

分區	觀塘區	觀塘區	觀塘區	觀塘區
學校名稱	聖安當小學	聖愛德華天主教小學	聖若翰天主教小學	路德會聖馬太學校（秀茂坪）
基本資料				
校網／學校編號	48	48	48	48
網址	www.saps.edu.hk	www.stedward.edu.hk	www.sjbcps.edu.hk	www.smssmp.edu.hk
電話	2348 4283	2717 9585	2389 0428	2772 3797
主要教學語言	粵語、國語、英語	中文	中文	中文
創校年份	1959	1996	1962	1969
學制	全日	全日	全日	全日
校長	李偉鋒先生	容偉鴻先生	余文清女士	楊佩玲女士
收生類別	男女	男女	男女	男女
宗教	天主教	天主教	天主教	基督教
辦學團體	中華無原罪聖母女修會信託人法團	天主教香港教區	天主教香港教區	香港路德會有限公司
地址	油塘油塘道1號	藍田慶田街8號	觀塘宜安街29號	秀茂坪秀明道123號
校車服務	校車	校車	校車、保姆車	校車、保姆車
A一條龍中學／B直屬中學／C聯繫中學	沒有	沒有	沒有	沒有
教師資歷（教育文憑%、學士%、碩士及博士或以上%、特殊教育培訓%）	100%、100%、32%、42%	73%、100%、39%、40%	100%、100%、33%、66.7%	100%、100%、22%、88%
收生資料				
小一開班數目（23/24、24/25（預計））	5、5	5、5	4、4	4、4
小一學額（23/24、24/25（預計））	125、125	130、130	100、100	100、100
23/24年度自行收生階段報讀/甲、乙類取錄人數（平均分數）	△／△、△（△）	△／△、△（△）	△／△、△（15）	180／△、△（15）
22/23年度畢業生派位情況				
獲派首三志願學校比率	95%	△	93.80%	△
最多學生入讀的三所中學	藍田聖保祿中學、聖公會基孝中學、聖安當女書院	△	順利天主教中學、中華基督教會蒙民偉書院、觀塘瑪利諾書院	藍田聖保祿中，聖言中學，聖傑靈女子中學

註：（小班）以25位或以下學生為一班　△校方未有提供資料　＃以教育局在2023年所批核的班級數目為準。

升小準備　統一派位　叩門必修　封面故事　專家貼士　學校資料 香港區　學校資料 九龍區　學校資料 新界區

	分區	觀塘區	觀塘區		
	學校名稱	基督教聖約教會堅樂小學	中華基督教會基法小學		
基本資料	校網 / 學校編號	48	48		
	網址	www.hgps.edu.hk	www.kfp.edu.hk		
	電話	2757 4566	2341 8088		
	主要教學語言	中文	中文		
	創校年份	2001	1965		
	學制	全日	全日		
	校長	馬詠兒女士	郭文釗先生		
	收生類別	男女	男女		
	宗教	基督教	基督教		
	辦學團體	基督教聖約教會有限公司	中華基督教會香港區會		
	地址	觀塘秀茂坪秀明道77號	觀塘月華街34號		
	校車服務	校車	校車		
	A一條龍中學 / B直屬中學 / C聯繫中學	沒有	沒有		
	教師資歷 (教育文憑%、學士%、碩士及博士或以上%、特殊教育培訓%)	91%、100%、26%、35%	100%、100%、52%、76%		
收生資料	小一開班數目 (23/24、24/25(預計))	5、5	2、2		
	小一學額 (23/24、24/25(預計))	△	52、52		
	23/24年度自行收生階段報讀/甲、乙類取錄人數(平均分數)	△ / △、△(△)	△ / △、△(15)		
22/23年度畢業生派位情況	獲派首三志願學校比率	94%	96%		
	最多學生入讀的三所中學	△	中華基督教會蒙民偉書院、藍田聖保祿中學、中華基督教會基智中學		

註：(小班)以25位或以下學生為一班　△校方未有提供資料　#以教育局在2023年所批核的班級數目為準。

分區	荃灣區	荃灣區	荃灣區	荃灣區
學校名稱	中華基督教會全完第一小學	中華基督教會基慧小學	中華基督教會基慧小學 (馬灣)	香港道教聯合會圓玄學院石圍角小學
基本資料				
校網 / 學校編號	62	62	62	62
網址	www.cyf.edu.hk	www.kws.edu.hk	www.kwmwps.edu.hk	www.swk.edu.hk
電話	2490 0336	2498 0383	2986 3111	2416 5447
主要教學語言	中文	中文	中文	中文
創校年份	1905	1983	1984	1982
學制	全日	全日	全日	全日
校長	譚光德先生	何麗雯女士	何寶鈴女士	郭敏麗校長
收生類別	男女	男女	男女	男女
宗教	基督教	基督教	基督教	道教
辦學團體	中華基督教會香港區會	中華基督教會香港區會	中華基督教會香港區會	香港道教聯合會
地址	荃灣大屋街6-8號	荃灣荃景圍167-185號	馬灣珀林路12號	荃灣石圍角邨第二小學校舍
校車服務	沒有	校車	校車	校車
A一條龍中學 / B直屬中學 / C聯繫中學	沒有	沒有	沒有	沒有
教師資歷 (教育文憑%、學士%、碩士及博士或以上%、特殊教育培訓%)	100%、100%、18%、78%	100%、98%、35%、56%	93%、100%、36%、39%	100%、100%、29%、70.6%
收生資料				
小一開班數目 (23/24、24/25(預計))	1、2	4、4	5、5	2、2
小一學額 (23/24、24/25(預計))	△	100、100	125、125	50、50、50
23/24年度自行收生階段報讀/甲、乙類取錄人數 (平均分數)	△ / △、△ (△)	△ / △、△ (△)	△ / △、△ (20)	14 / 6、8 (8.2)
22/23年度畢業生派位情況				
獲派首三志願學校比率	91%	98%	95%	93.30%
最多學生入讀的三所中學	△	保良局李城璧中學、仁濟醫院林百欣中學、嗇色園主辦可風中學	可風中學 (嗇色園主辦)、寶安商會王少清中學、廖寶珊紀念書院	寶安商會王少清中學、廖寶珊紀念書院、保良局姚連生中學

註:(小班) 以25位或以下學生為一班 △校方未有提供資料 #以教育局在2023年所批核的班級數目為準。

分區	荃灣區	荃灣區	荃灣區	荃灣區
學校名稱	靈光小學	柴灣角天主教小學	海壩街官立小學	路德會聖十架學校
校網／學校編號	62	62	62	62
網址	www.emm.edu.hk	www.cwk.edu.hk	www.hpsgps.edu.hk	www.hcls.edu.hk
電話	2491 0256	2490 3463	2490 2828	2415 7878
主要教學語言	中文	粵語、國語、英語	中文	粵語、國語、英語
創校年份	1956	1980	1961	1971
學制	全日	全日	全日	全日
校長	黃啟倫先生	周凱恩女士	鄧筱筠女士	王淑芬女士
收生類別	男女	男女	男女	男女
宗教	基督教	天主教	不適用	基督教
辦學團體	靈光堂	天主教香港教區	政府	香港路德會
地址	深井青山公路13咪	荃灣安賢街2-10號	荃灣啟志街1號	荃灣路德圍31號
校車服務	保姆車	校車、保姆車	褓姆車	保姆車
A一條龍中學／B直屬中學／C聯繫中學	沒有	沒有	C：荃灣官立中學、何文田官立中學	沒有
教師資歷（教育文憑%、學士%、碩士及博士或以上%、特殊教育培訓%）	74%、95%、26%、63%	100%、100%、31%、58%	△、△、△、△	100%、100%、22%、47%
小一開班數目（23/24、24/25（預計））	1、1	4、4	5、5	4、4
小一學額（23/24、24/25（預計））	△	100、100	125、125	△
23/24年度自行收生階段報讀／甲、乙類取錄人數（平均分數）	△／△、△（△）	△／△、△（△）	△／50、25（△）	△／△、△（△）
獲派首三志願學校比率	△	95.10%	92%	92%（首五志願）
最多學生入讀的三所中學	△	保良局李城壁中學、仁濟醫院林百欣中學、寶安商會王少清中學	荃灣官立中學、寶安商會王少清中學、廖寶珊紀念書院	寶安商會王少清中學、荃灣公立何傳耀紀念中學、保良局李城壁中學

基本資料／收生資料／22/23年度畢業生派位情況

註：(小班)以25位或以下學生為一班　△校方未有提供資料　#以教育局在2023年所批核的班級數目為準。

分區	荃灣區	荃灣區	荃灣區	荃灣區
學校名稱	香港浸信會聯會小學	寶血會伍季明紀念學校	天佑小學	天主教石鐘山紀念小學
校網 / 學校編號	62	62	62	62
網址	www.hkbcps.edu.hk	www.kmw.edu.hk	www.mpschool.edu.hk	www.scs.edu.hk
電話	2493 2494	2498 8911	2492 2929	2408 6373
主要教學語言	中文	中文	中文	粵語、國語、英語
創校年份	1997	1984	1960	1997
學制	全日	全日	全日	全日
校長	張瑞瑜女士	鍾詠嫻女士	李喜森先生	丘宇文先生
收生類別	男女	男女	男女	男女
宗教	基督教	天主教	天主教	天主教
辦學團體	香港浸信會聯會	耶穌寶血女修會	天主教香港教區	天主教香港教區
地址	荃灣麗城花園麗順路2號	荃灣蕙荃路22-66號綠楊新邨	荃灣河背街68號	荃灣海濱花園永順街39號
校車服務	校車	校車	沒有	校車
A一條龍中學 / B直屬中學 / C聯繫中學	沒有	沒有	沒有	沒有
教師資歷 (教育文憑%、學士%、碩士及博士或以上%、特殊教育培訓%)	100%、100%、33%、33%	100%、100%、37%、35%	100%、100%、43%、54%	100%、100%、51%、43%
小一開班數目 (23/24、24/25 (預計))	5、5	4、△	2、2	5、5
小一學額 (23/24、24/25 (預計))	125、125	△	60、50	△
23/24年度自行收生階段報讀/甲、乙類取錄人數 (平均分數)	△ / △、△ (△)	△ / △、△ (△)	0 / 0、0 (0)	△ / △、△ (△)
獲派首三志願學校比率	∧	92%	91%	89%
最多學生入讀的三所中學	可風中學（嗇色園主辦）、寶安商會王少清中學、保良局李城璧中學	荃灣公立何傳耀紀念中學、可風中學（嗇色園主辦）	荃灣官立中學、可風中學（嗇色園主辦）、王少清中學	可風中學（嗇色園主辦）、荃灣聖芳濟中學、廖寶珊紀念書院

左側縱向標題：基本資料 / 收生資料 / 22/23 年度畢業生派位情況

註：（小班）以 25 位或以下學生為一班　△校方未有提供資料　#以教育局在 2023 年所批核的班級數目為準。

升小準備 統一派位 叩門必修 封面故事 專家貼士

學校資料 香港區　學校資料 九龍區　學校資料 新界區

基本資料

分區	荃灣區	荃灣區	荃灣區	荃灣區
學校名稱	深井天主教小學	寶血會思源學校	荃灣官立小學	荃灣潮州公學
校網 / 學校編號	62	62	62	62
網址	www.stcpri.edu.hk	www.sys.edu.hk	www.twgps.edu.hk	www.twccps.edu.hk
電話	2490 3912	3590 6061	2415 6313	2490 5410
主要教學語言	中文	中文	中文	中文
創校年份	2009	1962	1961	1965
學制	全日	全日	全日	全日
校長	周詠詩女士	鄒桂芳女士	麥綺玲女士	許金珠校長
收生類別	男女	男女	男女	男女
宗教	天主教	天主教	不適用	不適用
辦學團體	天主教香港教區	耶穌寶血女修會	政府	荃灣潮州福利會有限公司
地址	荃灣青山公路深井段37號	荃灣城門道2號	荃灣青山公路600號	荃灣海壩街80號
校車服務	校車	校車	校車	沒有
A一條龍中學 / B直屬中學 / C聯繫中學	沒有	沒有	C：荃灣官立中學、何文田官立中學	沒有
教師資歷 (教育文憑%、學士%、碩士及博士或以上%、特殊教育培訓%)	100%、100%、38.3%、64.4%	98%、100%、54%、57%	100%、95%、39%、68%	100%、98%、30%、61%

收生資料

小一開班數目 (23/24、24/25(預計))	4、4	4、4	5、5	2、1
小一學額 (23/24、24/25(預計))	104、104	100、100	△	△
23/24年度自行收生階段報讀/甲、乙類取錄人數 (平均分數)	△ / △、△ (△)	△ / △、△ (△)	△ / △、△ (△)	△ / △、△ (△)

22/23年度畢業生派位情況

獲派首三志願學校比率	94.70%	94%	△	92%
最多學生入讀的三所中學	可風中學（嗇色園主辦）、廖寶珊紀念書院、仁濟醫院林百欣中學	可風中學（嗇色園主辦）、寶安商會王少清中學、天主教母佑會蕭明中學	荃灣官立中學、荃灣公立何傳耀紀念中學、保良局李城璧中學	荃灣官立中學、可風中學（嗇色園主辦）、荃灣公立何傳耀紀念中學

註：(小班)以25位或以下學生為一班　△校方未有提供資料　#以教育局在2023年所批核的班級數目為準。

分區	荃灣區	荃灣區	葵青區	葵青區
學校名稱	荃灣天主教小學	荃灣公立何傳耀紀念小學	嗇色園主辦可信學校	梨木樹天主教小學
校網 / 學校編號	62	62	64	64
網址	www.twcps.edu.hk	www.twpsch.edu.hk	www.hoshun.edu.hk	www.lmscps.edu.hk
電話	2492 3460	2416 9596	2424 8861	2426 3333
主要教學語言	中文	中文	中文	中文
創校年份	1969	1927	1975	1975
學制	全日	全日	全日	全日
校長	陳碧琪女士	朱慧敏女士	朱遠球先生	陳寶怡女士
收生類別	男女	男女	男女	男女
宗教	天主教	不適用	道儒釋三教	天主教
辦學團體	天主教香港教區	荃灣公立學校	嗇色園	天主教香港教區
地址	荃灣德華街37-41號	荃灣石圍角邨屋邨第一小學	葵涌梨木樹邨第三座校舍	荃灣梨木樹邨第二號校舍
校車服務	保姆車	校車	保姆車	保姆車
A一條龍中學 / B直屬中學 / C聯繫中學	沒有	沒有	沒有	沒有
教師資歷 (教育文憑%、學士%、碩士及博士或以上%、特殊教育培訓%)	100%、100%、41%、68%	100%、93%、27%、36%	100%、100%、22%、30%	100%、100%、41%、33%
小一開班數目 (23/24、24/25(預計))	3、3	4、4	2、1	4、3
小一學額 (23/24、24/25(預計))	75、75	100、100	△	△
23/24年度自行收生階段報讀/甲、乙類取錄人數(平均分數)	100 / △、△(△)	△ / △、△(△)	△ / △、△(△)	△ / △、△(△)
獲派首三志願學校比率	92%	100%	90%	97.67%
最多學生入讀的三所中學	可風中學（嗇色園主辦）、寶安商會王少清中學、廖寶珊紀念書院	荃灣公立何傳耀紀念中學、荃灣官立中學、可風中學（嗇色園主辦）	可風中學（嗇色園主辦）、荃灣官立中學、荃灣公立何傳耀紀念中學	可風中學（嗇色園主辦）、荃灣公立何傳耀紀念中學、荃灣官立中學

分欄標題（左）：基本資料 / 收生資料 / 22/23 年度畢業生派位情況

註：（小班）以 25 位或以下學生為一班　△校方未有提供資料　# 以教育局在 2023 年所批核的班級數目為準。

分區	葵青區	葵青區	葵青區	葵青區
學校名稱	慈幼葉漢千禧小學	慈幼葉漢小學	石籬天主教小學	石籬聖若望天主教小學
校網 / 學校編號	64	64	64	64
網址	www.syh.edu.hk	www.syhps.edu.hk	www.sheklei.edu.hk	www.slsj.edu.hk
電話	2429 1177	2420 2727	2420 3186	3595 0036
主要教學語言	中文	中文	中文	中文
創校年份	1969	1993	1969	1970
學制	全日	全日	全日	全日
校長	黃偉堅先生	方劍男先生	梁汝輝先生	蕭茵女士
收生類別	男女	男女	男女	男女
宗教	天主教	天主教	天主教	天主教
辦學團體	鮑思高慈幼會	鮑思高慈幼會	天主教香港教區	天主教香港教區
地址	葵涌石排街9號	葵涌安蔭邨	葵涌石排街11號	葵涌大白田街99號
校車服務	校車	保姆車	保姆車	保姆車
A一條龍中學 / B直屬中學 / C聯繫中學	沒有	沒有	沒有	沒有
教師資歷 (教育文憑%、學士%、碩士及博士或以上%、特殊教育培訓%)	100%、100%、33%、50%	100%、100%、42%、63%	90%、94%、27%、42%	90%、98%、44%、50%
小一開班數目 (23/24、24/25 (預計))	5、5	4、3	4、4	4、3
小一學額 (23/24、24/25 (預計))	125、125	△	100、100	100、80
23/24年度自行收生階段報讀/甲、乙類取錄人數 (平均分數)	△ / △、△ (△)	△ / △、△ (△)	△ / △、△ (△)	△ / △、△ (△)
獲派首三志願學校比率	92%	△	99%	97%
最多學生入讀的三所中學	中華傳道會安柱中學、保祿六世書院、東華三院伍若瑜夫人紀念中學	△	△	△

基本資料 / 收生資料 / 22/23年度畢業生派位情況

升小準備 統一派位 叩門必修 封面故事 專家貼士 學校資料 香港區 學校資料 九龍區 學校資料 新界區

註：(小班)以25位或以下學生為一班　△校方未有提供資料　#以教育局在2023年所批核的班級數目為準。

分區	葵青區	葵青區	葵青區	葵青區
學校名稱	聖公會主愛小學	聖公會主愛小學（梨木樹）	循道衛理聯合教會亞斯理衛理小學	佛教林炳炎紀念學校（香港佛教聯合會主辦）
校網 / 學校編號	64	64	65	65
網址	www.chuoi.edu.hk	www.chuoi-lms.edu.hk	www.asbury.edu.hk	www.blbyms.edu.hk
電話	2426 7424	2401 1985	2742 9499	2422 0125
主要教學語言	中文	中文	中文	中文
創校年份	1968	1999	1961	1971
學制	全日	全日	全日	全日
校長	潘靄玲女士	黃鳳兒女士	黃煒恒先生	許定國先生
收生類別	男女	男女	男女	男女
宗教	基督教	基督教	基督教	佛教
辦學團體	聖公宗（香港）小學監理委員會有限公司	聖公宗（香港）小學監理委員會有限公司	香港基督教循道衛理聯合教會	香港佛教聯合會
地址	葵涌石蔭童子街45號	荃灣梨木樹邨	葵涌荔景邨第二校舍	荃灣大廈街33號
校車服務	保姆車	校車	校車	保姆車
A一條龍中學 / B直屬中學 / C聯繫中學	沒有	沒有	沒有	沒有
教師資歷（教育文憑%、學士%、碩士及博士或以上%、特殊教育培訓%）	97%、100%、30%、38%	90%、100%、26%、43%	100%、100%、37%、49%	100%、100%、30%、43%
小一開班數目（23/24、24/25（預計））	5、5	3、3	3、3	4、2
小一學額（23/24、24/25（預計））	△	75、75	△	△
23/24年度自行收生階段報讀/甲、乙類取錄人數（平均分數）	△ / △、△（△）	△ / △、△（△）	△ / △、△（△）	△ / △、△（△）
獲派首三志願學校比率	92.50%	93%	96%	△
最多學生入讀的三所中學	裘錦秋中學（葵涌）、東華三院伍若瑜夫人紀念中學、中華傳道會安柱中學	博愛醫院歷屆總理聯誼會梁省德中學、聖公會李炳中學、荃灣公立何傳耀紀念中學	△	葵涌蘇浙公學、樂善堂顧超文中學、佛教善德英文中學

基本資料 / 收生資料 / 22/23 年度畢業生派位情況

註：（小班）以 25 位或以下學生為一班　△校方未有提供資料　#以教育局在 2023 年所批核的班級數目為準。

升小準備　統一派位　叩門必修　封面故事　專家貼士　學校資料　香港區　學校資料

分區	葵青區	葵青區	葵青區	葵青區
學校名稱	佛教林金殿紀念小學	中華基督教會全完第二小學	中華基督教會基真小學	祖堯天主教小學

基本資料

	佛教林金殿紀念小學	中華基督教會全完第二小學	中華基督教會基真小學	祖堯天主教小學
校網 / 學校編號	65	65	65	65
網址	www.lkt.edu.hk	www.chuenyuen2.edu.hk	www.keichun.edu.hk	www.choyiu.edu.hk
電話	2422 1747	2420 1220	2741 9907	2742 3701
主要教學語言	中文	中文	中文	粵語、國語、英語
創校年份	1972	1958	1961	1978
學制	全日	全日	全日	全日
校長	吳永雄先生	謝家盈女士	彭潔嫻女士	陳志恒先生
收生類別	男女	男女	男女	男女
宗教	佛教	基督教	基督教	天主教
辦學團體	香港佛教聯合會	中華基督教會香港區會	中華基督教會香港區會	天主教香港教區
地址	葵涌葵芳邨第五期	葵涌上角街3號	葵涌華荔徑11號	葵涌祖堯邨敬祖路10號
校車服務	校車、保姆車	校車	校車	校車
A一條龍中學 / B直屬中學 / C聯繫中學	沒有	C：中華基督教會全完中學	沒有	沒有
教師資歷（教育文憑%、學士%、碩士及博士或以上%、特殊教育培訓%）	97%、100%、42%、60.3%	△	100%、100%、25%、43%	100%、100%、51%、43%

收生資料

小一開班數目（23/24、24/25（預計））	5、5	3、3	5、5	4、4
小一學額（23/24、24/25（預計））	125、125	△	△	100、100
23/24年度自行收生階段報讀/甲、乙類取錄人數（平均分數）	200 / △、△（△）	75 / △、△（△）	△ / △、△（△）	△ / △、△（△）

22/23年度畢業生派位情況

獲派首三志願學校比率	98.60%	△	97%	△
最多學生入讀的三所中學	佛教善德英文中學、順德聯誼總會李兆基中學、東華三院陳兆民中學	△	△	保祿六世書院、天主教母佑會蕭明中學、佛教善德英文中學

註：(小班)以25位或以下學生為一班　△校方未有提供資料　#以教育局在2023年所批核的班級數目為準。

分區	葵青區	葵青區	葵青區	葵青區
學校名稱	中華傳道會許大同學校	基督教香港信義會葵盛信義學校	聖公會主恩小學	聖公會仁立紀念小學
校網 / 學校編號	65	65	65	65
網址	www.cnectt.edu.hk	www.kslps.edu.hk	www.chuyan.edu.hk	www.ylm.edu.hk
電話	2421 9159	2422 5187	2420 1915	2428 6600
主要教學語言	中文及英文	中文	粵話、國語	中文
創校年份	1971	1972	1961	1970
學制	全日	全日	全日	全日
校長	王少超先生	徐起鸝校長	勞子奔先生	余茵茵女士
收生類別	男女	男女	男女	男女
宗教	基督教	基督教	基督教	基督教
辦學團體	基督教中華傳道會（香港）有限公司	基督教香港信義會	聖公宗（香港）小學監理委員會有限公司	聖公宗（香港）小學監理委員會有限公司
地址	葵涌葵興邨第一座校舍	葵涌葵盛東邨	葵涌葵盛邨第二號校舍	葵涌上角街13號
校車服務	校車	保姆車	校車	△
A一條龍中學 / B直屬中學 / C聯繫中學	沒有	沒有	沒有	C：聖公會林護紀念中學
教師資歷（教育文憑%、學士%、碩士及博士或以上%、特殊教育培訓%）	84%、98%、29%、31%	100%、100%、38%、61%	98%、100%、25%、61%	98%、100%、40%、25%
小一開班數目（23/24、24/25（預計））	2、1	4、4	4、4	5、5
小一學額（23/24、24/25（預計））	50、25	△	100、100	130、130
23/24年度自行收生階段報讀/甲、乙類取錄人數（平均分數）	△ / △、△（△）	△ / △、△（△）	△ / △、△（△）	△ / △、△（△）
獲派首三志願學校比率	93%	100%	97%	91%
最多學生入讀的三所中學	中華傳道會安柱中學、中華傳道會李賢堯紀念中學、順德聯誼總會李兆基中學	天主教母佑會蕭明中學、佛教善德英文中學、順德聯誼總會李兆基中學	樂善堂顧超文中學、中華傳道會李賢堯紀念中學、順德聯誼總會李兆基中學	聖公會林護紀念中學、天主教母佑會蕭明中學、順德聯誼總會李兆基中學

基本資料 / 收生資料 / 22/23年度畢業生派位情況

註：（小班）以 25 位或以下學生為一班　△校方未有提供資料　#以教育局在 2023 年所批核的班級數目為準。

升小準備 統一派位 叩門必修 封面故事 專家貼士

學校資料 香港區
學校資料 九龍區
學校資料 新界區

分區	葵青區	葵青區	葵青區	葵青區
學校名稱	聖公會仁立小學	柏立基教育學院校友會盧光輝紀念學校	東華三院高可寧紀念小學	中華傳道會呂明才小學
基本資料				
校網 / 學校編號	65	65	65	66
網址	www.yanlaap.edu.hk	www.lkfms.edu.hk	www.twghkhnmp.edu.hk	www.cneclmc.edu.hk
電話	2420 7986	2429 0452	2745 0511	2497 7557
主要教學語言	中文及英文	中文	中文	中文
創校年份	1970	1977	1977	1988
學制	全日	全日	全日	全日
校長	羅春鳳校長	鄧瑞瑩博士	鄭月嫦女士	梁漢基先生
收生類別	男女	男女	男女	男女
宗教	基督教	不適用	不適用	基督教
辦學團體	聖公宗（香港）小學監理委員會有限公司	柏立基教育學院校友會有限公司	東華三院	基督教中華傳道會（香港）有限公司
地址	葵涌葵盛圍399號	葵涌葵盛圍221號	葵涌麗瑤邨	青衣長發邨
校車服務	△	保姆車	校車	校車
A一條龍中學 / B直屬中學 / C聯繫中學	C：聖公會林護紀念中學	沒有	沒有	沒有
教師資歷（教育文憑%、學士%、碩士及博士或以上%、特殊教育培訓%）	100%、100%、31%、27%	100%、98%、29%、40%	82%、97%、38%、53%	80.35%、94.64%、35.71%、60.9%
收生資料				
小一開班數目（23/24、24/25（預計））	5、5	4、3	2、1	4、4
小一學額（23/24、24/25（預計））	130、130	△	△	100、100
23/24年度自行收生階段報讀/甲、乙類取錄人數（平均分數）	236 / 34、29（△）	△ / △、△（△）	△ / △、△（△）	85 / 23、27（18）
22/23年度畢業生派位情況 獲派首三志願學校比率	99%	97%	93%	80%
最多學生入讀的三所中學	聖公會林護紀念中學、天主教母佑會蕭明中學、順德聯誼總會李兆基中學	樂善堂顧超文中學、中華傳道會李賢堯紀念中學、順德聯誼總會李兆基中學	荃灣官立中學、基督教崇真中學、天主教母佑會蕭明中學	順德聯誼總會李兆基中學、皇仁舊生會中學、中華基督教會燕京書院

註：（小班）以25位或以下學生為一班　△校方未有提供資料　#以教育局在2023年所批核的班級數目為準。

分區	葵青區	葵青區	葵青區	葵青區
學校名稱	郭怡雅神父紀念學校	保良局世德小學	保良局陳溢小學	聖公會何澤芸小學
校網 / 學校編號	66	66	66	66
網址	www.fcms.edu.hk	www.plkcastar.edu.hk	www.plkcy.edu.hk	www.skhhcw.edu.hk
電話	2495 1922	2436 3923	2497 6073	2432 2789
主要教學語言	粵語、國語、英語	粵語、國語、英語	粵語、國語、英語	中文
創校年份	1977	2002	1984	1993
學制	全日	全日	全日	全日
校長	蔡偉傑先生	葉麗芳女士	冼翠華女士	張昌明先生
收生類別	男女	男女	男女	男女
宗教	天主教	不適用	不適用	基督教
辦學團體	天主教香港教區	保良局	保良局	聖公宗（香港）小學監理委員會有限公司
地址	青衣長青邨第二校舍	新界青衣青綠街23號	新界青衣長康邨第二小學	青衣長亨邨
校車服務	保姆車	保姆車	校車、保姆車	校車
A一條龍中學 / B直屬中學 / C聯繫中學	天主教教區各中學	沒有	沒有	沒有
教師資歷 (教育文憑%、學士%、碩士及博士或以上%、特殊教育培訓%)	100%、100%、40%、65%	98%、98%、38%、60%	100%、100%、41%、70%	100%、100%、43%、52.7%
小一開班數目 (23/24、24/25（預計）)	1、5	4、4	4、4	5、5
小一學額 (23/24、24/25（預計）)	50、25、125	100、100	100、100	125、125
23/24年度自行收生階段報讀/甲、乙類取錄人數（平均分數）	0 / 0、0（0）	△ / △、△（△）	△ / △、△（△）	76 / 35、41（20）
獲派首三志願學校比率	98.70%	97.20%	98.14%	95%
最多學生入讀的三所中學	順德聯誼總會李兆基中學、保祿六世書院、保良局羅傑承（一九八三）中學	保良局羅傑承（一九八三）中學、天主教母佑會蕭明中學、順德聯誼總會李兆基中學	聖公會林護紀念中學、天主教母佑會蕭明中學、佛教善德英文中學	保良局羅傑承（一九八三）中學、佛教善德英文中學、東華三院吳祥川紀念中學

基本資料 / 收生資料 / 22/23年度畢業生派位情況

註：(小班) 以 25 位或以下學生為一班　△校方未有提供資料　# 以教育局在 2023 年所批核的班級數目為準。

升小準備 統一派位 叩門必修 封面故事 專家貼士

學校資料 香港區
學校資料 九龍區
學校資料 新界區

分區	葵青區	葵青區	葵青區	葵青區
學校名稱	聖公會青衣主恩小學	聖公會青衣邨何澤芸小學	青衣商會小學	荃灣商會學校
基本資料				
校網 / 學校編號	66	66	66	66
網址	www.tycy.edu.hk	www.tyehcw.edu.hk	www.tytaps.edu.hk	www.twtaps.edu.hk
電話	2433 2225	2432 7331	2497 9288	2497 7911
主要教學語言	中文	中文	中文	粵語、國語、英語
創校年份	2002	2000	1984	1986
學制	全日	全日	全日	全日
校長	鄧志鵬先生	李佩雯女士	文潔碧女士	周劍豪先生
收生類別	男女	男女	男女	男女
宗教	基督教	基督教	不適用	不適用
辦學團體	聖公宗（香港）小學監理委員會有限公司	聖公宗（香港）小學監理委員會有限公司	青衣商會（學校）有限公司	荃灣商會教育基金有限公司
地址	青衣長宏邨	青衣青綠街3號	青衣長康邨青康路12號	青衣青衣邨第一期
校車服務	校車	校車、保姆車	保姆車、跨境校車	校車
A一條龍中學/B直屬中學/C聯繫中學	沒有	沒有	沒有	沒有
教師資歷（教育文憑%、學士%、碩士及博士或以上%、特殊教育培訓%）	100%、100%、36%、45%	100%、100%、38%、40%	68%、100%、19%、38%	100%、100%、15%、10%
收生資料				
小一開班數目（23/24、24/25（預計））	5、5	5、5	2、3	3、4
小一學額（23/24、24/25（預計））	125、125	△	25、50、75	100、100、100
23/24年度自行收生階段報讀/甲、乙類取錄人數（平均分數）	220 / 39、25（20）	△ / △、△（△）	28 / 10、17（△）	△ / △、△（△）
22/23年度畢業生派位情況 獲派首三志願學校比率	100%	99.20%	91%	超過90%
最多學生入讀的三所中學	中華傳道會安柱中學、佛教善德英文中學、保良局羅傑承（一九八三）中學	東華三院吳祥川紀念中學、保良局羅傑承（一九八三）中學、中華傳道會安柱中學	東華三院吳祥川紀念中學、樂善堂顧超文中學、天主教母佑會蕭明中學	天主教母佑會蕭明中學、東華三院陳兆民中學、佛教善德英文中學

無人機 得獎者

註：(小班)以25位或以下學生為一班　△校方未有提供資料　#以教育局在2023年所批核的班級數目為準。

分區	葵青區	葵青區	葵青區	屯門區
學校名稱	東華三院周演森小學	東華三院黃士心小學	仁濟醫院趙曾學韞小學	中華基督教會何福堂小學
校網 / 學校編號	66	66	66	70
網址	twghscysps.edu.hk	www.twghwssp.edu.hk	www.ychcthwps.edu.hk	www.hft.edu.hk
電話	2433 1081	2497 8784	2433 1788	2459 7156
主要教學語言	中文	粵語、國語、英語	粵語、國語、英語	中文
創校年份	2005	1988	1989	1971
學制	全日	全日	全日	全日
校長	鄭敏嫻女士	黃頴心女士	陳奕鑫校長	尹淑芬女士
收生類別	男女	男女	男女	男女
宗教	不適用	不適用	不適用	基督教
辦學團體	東華三院	東華三院	仁濟醫院	中華基督教會香港區會
地址	青衣青芊街8號	青衣長安邨	青衣青衣邨第二期屋邨小學	屯門龍門路41號
校車服務	保姆車	保姆車	校車、保姆車	校車
A一條龍中學 / B直屬中學 / C聯繫中學	沒有	沒有	沒有	沒有
教師資歷 (教育文憑%、學士%、碩士及博士或以上%、特殊教育培訓%)	100%、91%、31%、64.7%	90%、98%、23%、27%	100%、100%、60%、75%	92%、100%、44%、2%
小一開班數目 (23/24、24/25(預計))	3、3	3、4	1、1	4、5
小一學額 (23/24、24/25(預計))	75、75	△	△	100、125
23/24年度自行收生階段報讀/甲、乙類取錄人數(平均分數)	38 / 22、16 (17)	△ / △、△ (△)	△ / △、△ (△)	△ / △、△ (△)
獲派首三志願學校比率	90%	95%	△	94.12%
最多學生入讀的三所中學	東華三院陳兆民中學、保良局羅傑承(一九八三)中學、東華三院伍若瑜夫人紀念中學	東華三院陳兆民中學、東華三院吳祥川紀念中學、東華三院黃芴南中學	△	中華基督教會何福堂書院、仁濟醫院第二中學、迦密唐賓南紀念中學

基本資料
收生資料
22/23年度畢業生派位情況

註:(小班)以25位或以下學生為一班　△校方未有提供資料　# 以教育局在2023年所批核的班級數目為準。

升小準備 統一派位 叩門必修 封面故事 專家貼士 學校資料 香港區 學校資料 九龍區 學校資料 新界區

	分區	屯門區	屯門區	屯門區	屯門區
	學校名稱	中華基督教會蒙黃花沃紀念小學	五邑鄒振猷學校	僑港伍氏宗親會伍時暢紀念學校	香港紅卍字會屯門卍慈小學
基本資料	校網 / 學校編號	70	70	70	70
	網址	www.cccmwfys.edu.hk	www.fdccys.edu.hk	www.wusichong.edu.hk	www.hkrsstmps.edu.hk
	電話	2456 3678	2467 1882	2454 4122	2461 1968
	主要教學語言	中文	中文	中文	中文
	創校年份	1989	1984	1989	1988
	學制	全日	全日	全日	全日
	校長	鄭家寶女士	鄭麗娟女士	關倩芬女士	龐敏佩女士
	收生類別	男女	男女	男女	男女
	宗教	基督教	不適用	不適用	不適用
	辦學團體	中華基督教會香港區會	香港五邑工商總會	僑港伍氏宗親會學務有限公司	香港紅卍字會
	地址	屯門田景邨	屯門蝴蝶村兆山苑	屯門建生邨屋邨小學校舍	屯門良景邨第一座校舍
	校車服務	保姆車、跨境校車	保姆車	校車	校車、保姆車
	A一條龍中學 / B直屬中學 / C聯繫中學	沒有	沒有	沒有	C. 香港紅卍字會大埔卍慈中學
	教師資歷 (教育文憑%、學士%、碩士及博士或以上%、特殊教育培訓%)	88%、100%、23%、58.5%	90%、94%、15%、48%	100%、98%、41%、50%	100%、100%、39.4%、60%
收生資料	小一開班數目 (23/24、24/25 (預計))	5、5	4、4	4、4	△、△
	小一學額 (23/24、24/25 (預計))	125、125	△	△	△
	23/24年度自行收生階段報讀/甲、乙類取錄人數 (平均分數)	130 / △、△ (△)	△ / △、△ (△)	△ / △、△ (△)	△ / △、△ (△)
22/23 年度畢業生派位情況	獲派首三志願學校比率	超過90%	△	94%	96%
	最多學生入讀的三所中學	△	△	屯門天主教中學、崇真書院、宣道中學	屯門天主教中學、崇真書院、宣道中學

註：(小班)以25位或以下學生為一班　△校方未有提供資料　#以教育局在2023年所批核的班級數目為準。

分區	屯門區	屯門區	屯門區	屯門區
學校名稱	世界龍岡學校劉德容紀念小學	樂善堂梁黃蕙芳紀念學校	香港路德會增城兆霖學校	保良局方王錦全小學
校網／學校編號	70	70	70	70
網址	www.ltyschool.edu.hk	www.lstlwwfms.edu.hk	www.siuleunsch.edu.hk	www.plkfwkc.edu.hk
電話	2404 5333	2466 6712	2466 5885	2466 1882
主要教學語言	中文及英文	中文	粵語、國語、英語	中文
創校年份	1986	1983	2005	1987
學制	全日	全日	全日	全日
校長	陳進華先生	許敏詩女士	葉綠盈女士	郭秀慧女士
收生類別	男女	男女	男女	男女
宗教	不適用	不適用	基督教	不適用
辦學團體	世界龍岡學校（香港）有限公司	九龍樂善堂	香港路德會有限公司	保良局
地址	屯門湖翠路263號	屯門山景邨	屯門蝴蝶邨小學第五校舍	屯門良景邨第三校舍
校車服務	校車	保姆車	保姆車	保姆車
A一條龍中學／B直屬中學／C聯繫中學	沒有	沒有	沒有	C：保良局百周年李兆忠紀念中學、保良局董玉娣中學
教師資歷（教育文憑%、學士%、碩士及博士或以上%、特殊教育培訓%）	86%、100%、20%、56%	96%、100%、33%、40%	92.5%、100%、26.4%、39.1%	100%、100%、33%、50%
小一開班數目（23/24、24/25（預計））	1、1	4、4	4、4	4、4
小一學額（23/24、24/25（預計））	△	100、100	100、100、100	△
23/24年度自行收生階段報讀/甲、乙類取錄人數（平均分數）	△／△、△（△）	100／21、29（△）	△／△、△（△）	△／△、△（△）
獲派首三志願學校比率	△	△	90%	△
最多學生入讀的三所中學	△	△	△	△

基本資料 / 收生資料 / 22/23年度畢業生派位情況

註：（小班）以25位或以下學生為一班　△校方未有提供資料　#以教育局在2023年所批核的班級數目為準。

升小準備 統一派位 叩門必修 封面故事 專家貼士 香港區 學校資料 九龍區 學校資料 新界區 學校資料

分區	屯門區	屯門區	屯門區	屯門區
學校名稱	保良局梁周順琴小學	保良局莊啟程第二小學	保良局志豪小學	柏立基教育學院校友會何壽基學校
校網 / 學校編號	70	70	70	70
網址	www.plklcsk.edu.hk	www.plkvktc2.edu.hk	www.plkheps.edu.hk	www.hosauki.edu.hk
電話	2467 8107	2462 1722	2702 0707	2455 6111
主要教學語言	中文	中文	中文	中文
創校年份	1984	1977	1987	1989
學制	全日	全日	全日	全日
校長	溫慧芬女士	李詠琴女士	李秀蘭女士	鍾艷紅女士
收生類別	男女	男女	男女	男女
宗教	不適用	不適用	不適用	不適用
辦學團體	保良局	保良局	保良局	柏立基教育學院校友會有限公司
地址	屯門湖景邨湖暉街1號	屯門良才里2號	新界屯門興富街3號	屯門田景邨第一號校舍
校車服務	校車	沒有	校車、保姆車	校車
A一條龍中學 / B直屬中學 / C聯繫中學	C：保良局百周年李兆忠紀念中學、保良局董玉娣中學	C：保良局百周年李兆忠紀念中學、保良局董玉娣中學	C：保良局百周年李兆忠紀念中學、保良局董玉娣中學	沒有
教師資歷（教育文憑%、學士%、碩士及博士或以上%、特殊教育培訓%）	98%、100%、35%、34%	100%、98%、26%、32%	100%、100%、32%、65%	100%、100%、29%、34%
小一開班數目（23/24、24/25（預計））	5、5	5、5	5、5	4、4
小一學額（23/24、24/25（預計））	150、150	125、125	△	100、100
23/24年度自行收生階段報讀/甲、乙類取錄人數（平均分數）	△ / △、△（△）	△ / △、△（△）	△ / △、△（△）	△ / △、△（△）
獲派首三志願學校比率	100%	93%	△	△
最多學生入讀的三所中學	保良局董玉娣中學、保良局百周年李兆忠紀念中學	保良局百周年李兆忠紀念中學、保良局董玉娣中學、聖保羅男女中學	△	△

基本資料 / 收生資料 / 22/23年度畢業生派位情況

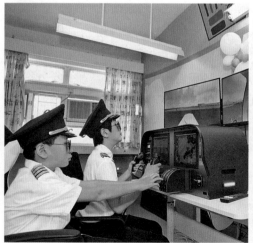

註：(小班)以25位或以下學生為一班　△校方未有提供資料　#以教育局在2023年所批核的班級數目為準。

分區	屯門區	屯門區	屯門區	屯門區
學校名稱	道教青松小學	道教青松小學（湖景邨）	台山商會學校	屯門官立小學
校網 / 學校編號	70	70	70	70
網址	tccps.edu.hk	www.tccpswke.edu.hk	www.ts.edu.hk	www.tmgps.edu.hk
電話	2465 1222	2465 2881	2462 2855	2465 1662
主要教學語言	中文	中文	中文	中文
創校年份	1985	2008	1978	1982
學制	全日	全日	全日	全日
校長	梁卓賢先生	吳思銘先生	曾子通先生	黃寶華校長
收生類別	男女	男女	男女	男女
宗教	道教	道教	不適用	不適用
辦學團體	道教香港青松觀有限公司	道教香港青松觀有限公司	台山商會教育機構有限公司	政府
地址	屯門山景邨	屯門湖景邨湖昌街四號	屯門石排頭路14號	屯門兆康苑
校車服務	校車	保姆車	校車	校車
A一條龍中學 / B直屬中學 / C聯繫中學	沒有	沒有	沒有	C：屯門官立中學、南屯門官立中學、新界鄉議局元朗區中學
教師資歷（教育文憑%、學士%、碩士及博士或以上%、特殊教育培訓%）	100%、98%、30%、51%	88.2%、96.1%、19.6%、31.4%	100%、100%、46%、50%	100%、96%、16%、37%
小一開班數目（23/24、24/25（預計））	5、5	4、4	2、2	4、4
小一學額（23/24、24/25（預計））	125、125	100、100	△	△
23/24年度自行收生階段報讀/甲、乙類取錄人數（平均分數）	△ / △、△（△）	△ / △、△（△）	△ / △、△（△）	△ / △、△（△）
獲派首三志願學校比率	95%	94%	△	89.36%
最多學生入讀的三所中學	保良局董玉娣中學、仁愛堂田家炳中學、保良局百周年李兆忠紀念中學	保良局董玉娣中學、馬錦明慈善基金馬可賓紀念中學、仁愛堂田家炳中學	△	△

基本資料 ／ 收生資料 ／ 22/23年度畢業生派位情況

註：（小班）以 25 位或以下學生為一班　△校方未有提供資料　# 以教育局在 2023 年所批核的班級數目為準。

分區	屯門區	屯門區	屯門區	屯門區
學校名稱	仁濟醫院羅陳楚思小學	仁德天主教小學	博愛醫院歷屆總理聯誼會鄭任安夫人千禧小學	博愛醫院歷屆總理聯誼會鄭任安夫人學校
校網 / 學校編號	70	70	71	71
網址	www.lccs.edu.hk	www.yantak.edu.hk	www.mcyoms.edu.hk	www.mcyos.edu.hk
電話	2441 3366	2463 6171	2451 0088	2451 2333
主要教學語言	中文	中文	中文及英文	中文
創校年份	1986	1983	1985	1985
學制	全日	全日	全日	全日
校長	陳嘉碧博士	羅淑貞女士	蔡劍冬先生	鄭筱薇女士
收生類別	男女	男女	男女	男女
宗教	不適用	天主教	不適用	不適用
辦學團體	仁濟醫院	天主教香港教區	博愛醫院歷屆總理聯誼會有限公司	博愛醫院歷屆總理聯誼會有限公司
地址	屯門湖景路29號	屯門蝴蝶邨小學校舍第二座	屯門掃管笏路111號	屯門屯利街3號
校車服務	校車	校車	校車	保姆車
A一條龍中學 / B直屬中學 / C聯繫中學	C：仁濟醫院第二中學	C：屯門天主教中學	沒有	沒有
教師資歷（教育文憑%、學士%、碩士及博士或以上%、特殊教育培訓%）	100%、98%、33%、46%	100%、100%、17%、40%	100%、100%、42%、46%	92%、98%、22%、28%
小一開班數目（23/24、24/25（預計））	5、5	4、4	5、5	4、4
小一學額（23/24、24/25（預計））	125、125	100、100	125、125	100、100
23/24年度自行收生階段報讀/甲、乙類取錄人數（平均分數）	△ / △、△（△）	△ / △、△（15）	157 / 37、25（15.2）	△ / △、△（△）
獲派首三志願學校比率	△	89%	94%	△
最多學生入讀的三所中學	迦密唐賓南紀念中學、保良局董玉娣紀念中學、東華三院辛亥年總理中學	△	宣道會陳瑞芝紀念中學、馬錦明慈善基金馬可賓紀念中學、屯門官立中學	△

基本資料　收生資料　22/23年度畢業生派位情況

註：(小班)以25位或以下學生為一班　△校方未有提供資料　#以教育局在2023年所批核的班級數目為準。

分區	屯門區	屯門區	屯門區	屯門區
學校名稱	青山天主教小學	中華基督教會拔臣小學	仁愛堂劉皇發夫人小學	伊斯蘭學校
校網 / 學校編號	71	71	71	71
網址	cpcps.edu.hk	www.butsan.edu.hk	www.yotps.edu.hk	www.islamps.edu.hk
電話	2457 4634	2459 6221	2451 0372	2450 2270
主要教學語言	中文	中文	中文	英文
創校年份	1972	1920	1984	1980
學制	全日	全日	全日	全日
校長	王玉嫻女士	鍾惠娟女士	劉小慧女士	高德燕女士
收生類別	男女	男女	男女	男女
宗教	天主教	基督教	不適用	伊斯蘭教
辦學團體	天主教香港教區	中華基督教會香港區會	仁愛堂	中華回教博愛社
地址	屯門鄉事會路2號	屯門新墟青山公路28號	屯門安定邨第六座校舍	屯門友愛邨愛德里2號
校車服務	保母車	保姆車	保姆車	保姆車
A一條龍中學 / B直屬中學 / C聯繫中學	C：屯門天主教中學	沒有	沒有	沒有
教師資歷（教育文憑%、學士%、碩士及博士或以上%、特殊教育培訓%）	88%、100%、29%、52%	97%、100%、37%、60%	95%、95%、30%、47%	95%、98%、29%、57%
小一開班數目（23/24、24/25（預計））	4、4	2、2	2、1	3、2
小一學額（23/24、24/25（預計））	△	△	△	△
23/24年度自行收生階段報讀/甲、乙類取錄人數（平均分數）	△ / △、△（△）	△ / △、△（△）	△ / △、△（△）	△ / △、△（△）
獲派首三志願學校比率	85%（第一志願）	△	△	△
最多學生入讀的三所中學	△	宣道會陳瑞芝紀念中學、順德聯誼總會梁銶琚中學、順德聯誼總會譚伯羽中學	△	△

基本資料 ／ 收生資料 ／ 22/23年度畢業生派位情況

註：（小班）以25位或以下學生為一班　△校方未有提供資料　#以教育局在2023年所批核的班級數目為準。

升小準備 統一派位 叩門必修 封面故事 專家貼士 學校資料 香港區 學校資料 九龍區 學校資料 新界區

分區	屯門區	屯門區	屯門區	屯門區
學校名稱	路德會呂祥光小學	保良局西區婦女福利會馮李佩瑤小學	聖公會蒙恩小學	順德聯誼總會何日東小學
校網 / 學校編號	71	71	71	71
網址	www.lckps.edu.hk	www.plkflpy.edu.hk	www.skhmungyanps.edu.hk	www.hytps.edu.hk
電話	2450 3128	2411 2208	2459 8909	2458 6111
主要教學語言	中文	粵語、國語、英語	中文	中文
創校年份	1982	2011	1985	1983
學制	全日	全日	全日	全日
校長	黃綺華女士	胡國柱先生	陸國森校長	張美儀女士
收生類別	男女	男女	男女	男女
宗教	基督教	不適用	基督教	不適用
辦學團體	香港路德會有限公司	保良局	聖公宗(香港)小學監理委員會有限公司	順德聯誼總會
地址	屯門安定邨	屯門掃管笏管青路11號	屯門景峰徑1號	屯門友愛邨第五小學校舍
校車服務	校車、保姆車	校車、保姆車	校車	保姆車
A一條龍中學 / B直屬中學 / C聯繫中學	C：路德會呂祥光中學	C：保良局百周年李兆忠紀念中學、保良局董玉娣中學	沒有	C：順德聯誼總會梁銶琚中學、順德聯誼總會譚伯羽中學
教師資歷（教育文憑%、學士%、碩士及博士或以上%、特殊教育培訓%）	95%、98%、32%、26%	100%、98%、10%、29%	100%、96%、13%、48%	100%、63%、37%、△
小一開班數目（23/24、24/25（預計））	5、4	4、4	6、6	5、4
小一學額（23/24、24/25（預計））	△	△	△	125、100
23/24年度自行收生階段報讀/甲、乙類取錄人數（平均分數）	△ / △、△（△）	△ / △、△（△）	△ / △、△（△）	167 / 48、24（20）
獲派首三志願學校比率	86.10%	△	93%	約95%
最多學生入讀的三所中學	△	△	香港九龍塘基督教中華宣道會陳瑞芝紀念中學、崇真書院、浸信會永隆中學	順德聯誼總會梁銶琚中學、順德聯誼總會譚伯羽中學、瑪利諾修院學校

註：(小班)以25位或以下學生為一班　△校方未有提供資料　#以教育局在2023年所批核的班級數目為準。

分區	屯門區	屯門區	屯門區	屯門區
學校名稱	順德聯誼總會 李金小學	順德聯誼總會 胡少渠紀念小學	東華三院 鄧肇堅小學	仁濟醫院 何式南小學
校網／學校編號	71	71	71	71
網址	www.leekamps.edu.hk	www.wsk.edu.hk	www.twghtskp.edu.hk	www.hosiknam.edu.hk
電話	2441 1222	2450 3833	2403 0311	2451 0325
主要教學語言	粵語、國語、英語	中文	粵語、國語、英語	中文及英文
創校年份	2011	1982	1981	1985
學制	全日	全日	全日	全日
校長	林珮玲女士	高炳旋博士	鍾家明先生	樂凱欣女士
收生類別	男女	男女	男女	男女
宗教	不適用	不適用	不適用	不適用
辦學團體	順德聯誼總會	順德聯誼總會	東華三院	仁濟醫院
地址	屯門掃管笏路23號	屯門安定邨第三座校舍	屯門安定邨第二校舍	屯門第十六區興安里
校車服務	校車	保姆車	校車	保姆車
A一條龍中學／B直屬中學／C聯繫中學	C：順德聯誼總會梁銶琚中學、順德聯誼總會譚伯羽中學	C：順德聯誼總會梁銶琚中學、順德聯誼總會譚伯羽中學	沒有	C：仁濟醫院第二中學
教師資歷 （教育文憑%、學士%、碩士及博士或以上%、特殊教育培訓%）	98%、98%、36%、62%	100%、98%、53%、25%	100%、100%、31%、43%	100%、98%、34%、51%
小一開班數目 （23/24、24/25（預計））	5、5	5、5	5、5	4、2
小一學額 （23/24、24/25（預計））	125、125	△	125、125	△
23/24年度自行收生階段報讀/甲、乙類取錄人數（平均分數）	252 / 56、25（17）	△ / △、△（△）	63 / △、△（△）	△ / △、△（△）
獲派首三志願學校比率	92%	△	92.90%	約90%
最多學生入讀的三所中學	順德聯誼總會梁銶琚中學、順德聯誼總會譚伯羽中學和浸信會永隆中學	△	東華三院屯門區中學、香港九龍塘基督教中華宣道會陳瑞芝紀念中學、順德聯誼總會譚伯羽中學	東華三院辛亥年總理中學、屯門官立中學、路德會呂祥光中學

基本資料　收生資料　22/23 年度畢業生派位情況

註：（小班）以 25 位或以下學生為一班　△校方未有提供資料　#以教育局在 2023 年所批核的班級數目為準。

升小準備 統一派位 叩門必修 封面故事 專家貼士 香港區 學校資料 九龍區 學校資料 新界區 學校資料

分區	屯門區	元朗區	元朗區	元朗區
學校名稱	圓玄學院陳國超興德小學	中華基督教青年會小學	潮陽百欣小學	香港潮陽小學
校網 / 學校編號	71	72	72	72
網址	http://www.ckcps.edu.hk	www.cymcaps.edu.hk	www.cypy.edu.hk	www.cyps.edu.hk
電話	2448 2211	2445 0580	2445 1666	2446 3018
主要教學語言	中文	中文	中文	中文
創校年份	1954	2000	1993	1993
學制	全日	全日	全日	全日
校長	賴子文先生	羅勁柱先生（署任）	羅宇彤先生	伍玉芬女士
收生類別	男女	男女	男女	男女
宗教	不適用	基督教	不適用	不適用
辦學團體	圓玄學院	香港中華基督教青年會	香港潮陽同鄉會有限公司	香港潮陽同鄉會有限公司
地址	屯門慶平路1號	天水圍天富苑第四期第二號校舍	元朗天水圍天華路55號	天水圍天耀邨第三期
校車服務	保姆車	校車	校車	沒有
A一條龍中學 / B直屬中學 / C聯繫中學	沒有	沒有	沒有	沒有
教師資歷（教育文憑%、學士%、碩士及博士或以上%、特殊教育培訓%）	87%、100%、36%、21%	92%、100%、34%、13%	89%、98%、16%、44%	92%、97%、16%、58%
小一開班數目（23/24、24/25（預計））	3、4	5、5	4、5	5、5
小一學額（23/24、24/25（預計））	100、75、100	125、125	△	△
23/24年度自行收生階段報讀/甲、乙類取錄人數（平均分數）	99 / 31、20（13.6）	△ / △、△（△）	△ / △、△（△）	△ / △、△（△）
22/23年度畢業生派位情況 獲派首三志願學校比率	△	94.10%	△	97%
最多學生入讀的三所中學	△	中華基督教青年會中學	萬鈞伯裘書院、香港管理專業協會羅桂祥中學、十八鄉鄉事委員會公益社中學	東華三院盧幹庭紀念中學、基督教香港信義會元朗信義中學、香港管理專業協會羅桂祥中學

註：(小班)以25位或以下學生為一班　△校方未有提供資料　#以教育局在2023年所批核的班級數目為準。

分區	元朗區	元朗區	元朗區	元朗區
學校名稱	宣道會葉紹蔭紀念小學	基督教培恩小學	香港青年協會李兆基小學	嗇色園主辦可銘學校
校網 / 學校編號	72	72	72	72
網址	www.casyymps.edu.hk	www.hksasps.edu.hk	www.lskps.edu.hk	www.homing.edu.hk
電話	3152 2973	2342 0555	2448 1011	2445 0101
主要教學語言	粵語、國語、英語	中文及英文	粵語、國語、英語	粵語、國語、英語
創校年份	2001	2002	2000	1992
學制	全日	全日	全日	全日
校長	徐式怡女士	張靜嫻女士	謝煒珞博士	譚鳳婷女士
收生類別	男女	男女	男女	男女
宗教	基督教	基督教	不適用	儒釋道
辦學團體	香港九龍塘基督教中華宣道會	香港學生輔助會有限公司	香港青年協會	嗇色園
地址	元朗天水圍天澤邨	天水圍天業路2號	元朗天水圍天榮路11號	天水圍天柏路2號
校車服務	校車	保姆車	保姆車	校車、保姆車
A一條龍中學 / B直屬中學 / C聯繫中學	沒有	沒有	沒有	沒有
教師資歷（教育文憑%、學士%、碩士及博士或以上%、特殊教育培訓%）	100%、100%、23%、63%	90%、100%、38%、36%	100%、98%、44%、35%	89%、98%、47%、33%
小一開班數目（23/24、24/25（預計））	5、5	2、3	5、5	3、2
小一學額（23/24、24/25（預計））	△	△	△	△
23/24年度自行收生階段報讀/甲、乙類取錄人數（平均分數）	△／△、△（△）	△／△、△（△）	△／△、△（△）	△／△、△（△）
獲派首三志願學校比率	96%	88%	約90%	81%（首五志願）
最多學生入讀的三所中學	香港管理專業協會羅桂祥中學、東華三院郭一葦中學、萬鈞伯裘書院	元朗商會中學、中華基督教會基元中學、東華三院盧幹庭紀念中學	萬鈞伯裘書院、香港青年協會李兆基書院、天水圍香島中學	十八鄉鄉事委員會公益社中學、可道中學（嗇色園主辦）、基督教香港信義會元朗信義中學

（左側縱排標題：基本資料 / 收生資料 / 22/23年度畢業生派位情況）

註：（小班）以25位或以下學生為一班　△校方未有提供資料　#以教育局在2023年所批核的班級數目為準。

升小準備　統一派位　叩門必修　封面故事　專家貼士　香港區　九龍區　新界區　學校資料　學校資料　學校資料

分區	元朗區	元朗區	元朗區	元朗區
學校名稱	金巴崙長老會耀道小學	獅子會何德心小學	樂善堂梁銶琚學校	樂善堂梁銶琚學校（分校）
校網／學校編號	72	72	72	72
網址	www.cpcyd.edu.hk	www.htsps.edu.hk	www.lst-lkkps.edu.hk	lst-lkkb.edu.hk
電話	2617 7926	2617 9682	2448 6022	2445 6880
主要教學語言	粵語、國語	中文	粵語、國語	中文、英文
創校年份	2000	1999	1993	1993
學制	全日	全日	全日	全日
校長	陳詠欣女士	李文萱女士	陳婉婷女士	劉鐵梅女士
收生類別	男女	男女	男女	男女
宗教	基督教	不適用	不適用	不適用
辦學團體	金巴崙長老會香港區會	獅子會教育基金	九龍樂善堂	九龍樂善堂
地址	天水圍天富苑	天水圍第三區天盛苑第二小學	天水圍天瑞邨	天水圍天恩邨
校車服務	校車、保姆車	校車、保姆車	沒有	保母車
A一條龍中學／B直屬中學／C聯繫中學	A：金巴崙長老會耀道中學	沒有	沒有	沒有
教師資歷（教育文憑%、學士%、碩士及博士或以上%、特殊教育培訓%）	△	88%、100%、31%、42%	98%、100%、29%、47%	94%、100%、23%、46%
小一開班數目（23/24、24/25（預計））	5、5	5、4	5、5	5、5
小一學額（23/24、24/25（預計））	125、125	△	△	△
23/24年度自行收生階段報讀/甲、乙類取錄人數（平均分數）	△／26、37（△）	△／△、△（△）	△／△、△（△）	△／△、△（△）
獲派首三志願學校比率	87%	△	96.70%	約90%
最多學生入讀的三所中學	△	元朗信義中學、博愛醫院鄧佩瓊紀念中學、天主教崇德英文書院	東華三院盧幹庭紀念中學、香港管理專業協會羅桂祥中學、基督教香港信義會元朗信義中學	△

（左側縱列標籤：基本資料／收生資料／22/23年度畢業生派位情況）

註：(小班)以25位或以下學生為一班　△校方未有提供資料　#以教育局在2023年所批核的班級數目為準。

分區	元朗區	元朗區	元朗區	元朗區
學校名稱	伊利沙伯中學舊生會小學分校	伊利沙伯中學舊生會小學	十八鄉鄉事委員會公益社小學	聖公會天水圍靈愛小學
校網/學校編號	72	72	72	72
網址	www.qbps.edu.hk	www.qesosaps.edu.hk	www.kysps.edu.hk	www.skhtswlo.edu.hk
電話	2447 8686	2448 0889	2448 6623	2446 1633
主要教學語言	中文	中文	中文、英文	中文
創校年份	1992	1992	2002	2002
學制	全日	全日	全日	全日
校長	胡國威先生	蔣棟良先生	姚頌文先生	駱瑞萍女士
收生類別	男女	男女	男女	男女
宗教	不適用	不適用	不適用	基督教
辦學團體	伊利沙伯中學舊生會教育推廣機構	伊利沙伯中學舊生會教育推廣機構	十八鄉鄉事委員會學校有限公司	聖公宗(香港)小學監理委員會有限公司
地址	天水圍第四期第三區	天水圍天耀邨第一期	天水圍天城路22號	天水圍天瑞路82號
校車服務	校車	校車	沒有	保姆車
A一條龍中學/B直屬中學/C聯繫中學	A：伊利沙伯中學舊生會中學、伊利沙伯中學舊生會湯國華中學	A：伊利沙伯中學舊生會中學、伊利沙伯中學舊生會湯國華中學	沒有	沒有
教師資歷(教育文憑%、學士%、碩士及博士或以上%、特殊教育培訓%)	88%、100%、18%、42%	100%、95%、19%、49%	90%、97%、31%、32%	100%、100%、33%、55%
小一開班數目(23/24、24/25(預計))	5、5	5、5	5、5	5、5
小一學額(23/24、24/25(預計))	125、125	△	△	△
23/24年度自行收生階段報讀/甲、乙類取錄人數(平均分數)	△/△、△(△)	△/△、△(△)	△/△、△(△)	△/△、△(△)
獲派首三志願學校比率	90%	96%	△	91.70%
最多學生入讀的三所中學	元朗公立中學校友會鄧兆棠中學、天主教崇德英文書院、元朗商會中學	伊利沙伯中學舊生會中學、伊利沙伯中學舊生會湯國華中學、萬鈞伯裘書院	十八鄉鄉事委員會公益社中學、香港管理專業協會羅桂祥中學、賽馬會萬鈞毅智書院	中華基督教會方潤華中學、天主教培聖中學、天水圍官立中學

註：(小班)以 25 位或以下學生為一班　△校方未有提供資料　#以教育局在 2023 年所批核的班級數目為準。

升小準備 統一派位 叩門必修 封面故事 專家貼士

學校資料 香港區
學校資料 九龍區
學校資料 新界區

分區	元朗區	元朗區	元朗區	元朗區
學校名稱	順德聯誼總會伍冕端小學	天水圍天主教小學	天水圍官立小學	天水圍循道衛理小學
校網／學校編號	72	72	72	72
網址	www.stfawmtps.edu.hk	www.tswcps.edu.hk	www.tswgps.edu.hk	www.tswmps.edu.hk
電話	3157 0630	2617 8212	2447 4288	2448 0373
主要教學語言	中文	中文	中文	粵語、國語、英語
創校年份	2001	1995	1995	1999
學制	全日	全日	全日	全日
校長	葉曼婷女士	楊順先生	何美蓮女士	蘇炳輝先生
收生類別	男女	男女	男女	男女
宗教	不適用	天主教	不適用	基督教
辦學團體	順德聯誼總會	天主教香港教區	政府	香港基督教循道衛理聯合教會
地址	天水圍天恆邨	天水圍天柏路28號	天水圍天瑞路10號	天水圍第31區第一期（天頌苑）
校車服務	校車	校車，保姆車	校車	校車
A一條龍中學／B直屬中學／C聯繫中學	A：順德聯誼總會翁祐中學	C：天主教崇德英文書院、天主教培聖中學	C：趙聿修紀念中學、元朗公立中學、天水圍官立中學	A：天水圍循道衛理中學
教師資歷（教育文憑%、學士%、碩士及博士或以上%、特殊教育培訓%）	52%、100%、52%、21%	100%、98%、30%、36%	100%、96%、29%、45%	100%、98%、36%、34%
小一開班數目（23/24、24/25（預計））	5、5	5、5	5、5	5、5
小一學額（23/24、24/25（預計））	△	125、125	△	125、125
23/24年度自行收生階段報讀/甲、乙類取錄人數（平均分數）	△／△、△（△）	△／△、△（△）	△／△、△（△）	△／△、△（△）
獲派首三志願學校比率	△	94.60%	△	93%
最多學生入讀的三所中學	△	天主教崇德英文書院、天主教培聖中學、十八鄉鄉事委員會公益社中學	趙聿修紀念中學、天水圍官立中學、元朗公立中學	天水圍循道衛理中學、香港管理專業協會羅桂祥中學、基督教香港信義會元朗信義中學

基本資料 / 收生資料 / 22/23年度畢業生派位情況

註：(小班)以25位或以下學生為一班　△校方未有提供資料　#以教育局在2023年所批核的班級數目為準。

分區	元朗區	元朗區	元朗區	元朗區
學校名稱	東華三院李東海小學	東華三院姚達之紀念小學（元朗）	香港普通話研習社科技創意小學	元朗公立中學校友會鄧英業小學

	東華三院李東海小學	東華三院姚達之紀念小學（元朗）	香港普通話研習社科技創意小學	元朗公立中學校友會鄧英業小學
校網／學校編號	72	72	72	72
網址	www.twghlthlp.edu.hk	www.ydc.edu.hk	www.xpypssc.edu.hk	www.alu.edu.hk
電話	2446 1188	2445 1168	2470 8080	2617 8200
主要教學語言	中文	中文	粵語、國語、英語	粵語、國語、英語
創校年份	1999	1992	2001	1989
學制	全日	全日	全日	全日
校長	盧震河先生	羅志民先生	陶群眷女士	單琬雅女士
收生類別	男女	男女	男女	男女
宗教	不適用	不適用	不適用	不適用
辦學團體	東華三院	東華三院	香港普通話研習社	元朗公立中學校友會
地址	天水圍天壇街19號	天水圍天瑞邨第一期屋邨小學	天水圍天秀路25號天富苑	天水圍天瑞路86號
校車服務	校車、保姆車	保姆車	校車、保姆車	校車、保母車
A一條龍中學／B直屬中學／C聯繫中學	C：東華三院屬校	沒有	沒有	C：元朗公立中學校友會鄧兆棠中學
教師資歷（教育文憑%、學士%、碩士及博士或以上%、特殊教育培訓%）	100%、100%、27%、34%	96%、81%、19%、36%	92%、100%、35%、35%	87%、98%、31%、48%
小一開班數目（23/24、24/25（預計））	2、2	3、2	5、4	4、4
小一學額（23/24、24/25（預計））	50、50	△	125、100	100、100
23/24年度自行收生階段報讀/甲、乙類取錄人數（平均分數）	△／△、△（△）	△／△、△（△）	△／△、△（△）	△／△、△（△）
獲派首三志願學校比率	95.30%	94.10%	94.78%	88%
最多學生入讀的三所中學	東華三院盧幹庭紀念中學、香港中文大學校友會聯會張煊昌中學、東華三院郭一葦中學	東華三院盧幹庭紀念中學、新界鄉議局元朗區中學、基督教香港信義會元朗信義中學	△	元朗公立中學校友會鄧兆棠中學、香港管理專業協會羅桂祥中學、香港中文大學校友會聯會張煊昌中學

基本資料

收生資料

22/23年度畢業生派位情況

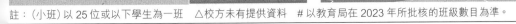

	分區	元朗區	元朗區	元朗區	元朗區
	學校名稱	元朗寶覺小學	光明學校	博愛醫院歷屆總理聯誼會梁省德學校	佛教陳榮根紀念學校
基本資料	校網 / 學校編號	72	72	73	73
	網址	www.ylpokok.edu.hk	www.kms.edu.hk	www.yuenlonglsts.edu.hk	www.bcwkms.edu.hk
	電話	2476 2258	2476 2616	2474 5566	2475 3663
	主要教學語言	粵語、國語、英語	中文	粵語、國語	中文
	創校年份	1958	1981	1987	2008
	學制	全日	全日	全日	全日
	校長	譚慧萍女士	邢毅先生	吳偉財先生	陳滿林先生
	收生類別	男女	男女	男女	男女
	宗教	佛教	不適用	不適用	佛教
	辦學團體	東蓮覺苑	光明學校有限公司	博愛醫院歷屆總理聯誼會有限公司	香港佛教聯合會
	地址	元朗洪水橋丹桂村路55號	元朗水邊圍邨	元朗朗屏邨第三期	元朗馬田欖口村路23號
	校車服務	校車	保姆車	保姆車	保姆車
	A一條龍中學 / B直屬中學 / C聯繫中學	沒有	沒有	沒有	沒有
	教師資歷 (教育文憑%、學士%、碩士及博士或以上%、特殊教育培訓%)	100%、100%、40%、30%	100%、100%、43%、51%	100%、100%、45%、24%	100%、98%、30%、36%
收生資料	小一開班數目 (23/24、24/25(預計))	2、1	4、4	4、4	5、5
	小一學額 (23/24、24/25(預計))	△	△	100、100、100	△
	23/24年度自行收生階段報讀/甲、乙類取錄人數(平均分數)	△ / △、△(△)	△ / △、△(△)	△ / △、△(△)	△ / △、△(△)
22/23年度畢業生派位情況	獲派首三志願學校比率	96%	△	97%	95.40%
	最多學生入讀的三所中學	天主教崇德英文書院、新界鄉議局元朗區中學、基督教香港信義會元朗信義中學	新界鄉議局元朗區中學、聖公會白約翰會督中學、天主教崇德英文書院	博愛醫院鄧佩瓊紀念中學、元朗商會中學、趙聿修紀念中學	佛教茂峰法師紀念中學、元朗商會中學、路德會西門英才中學

註：(小班)以25位或以下學生為一班 　△校方未有提供資料 　#以教育局在2023年所批核的班級數目為準。

分區	元朗區	元朗區	元朗區	元朗區
學校名稱	聖公會靈愛小學	南元朗官立小學	元朗朗屏邨東莞學校	元朗朗屏邨惠州學校
校網 / 學校編號	73	73	73	73
網址	www.lingoi.edu.hk	www.sylgps.edu.hk	www.tkps.edu.hk	www.hzit.edu.hk
電話	2477 4109	2478 1230	2476 2433	2476 3903
主要教學語言	粵語、國語、英語	中文	中文及英文	中文
創校年份	1934	1904	1948	1986
學制	全日	全日	全日	全日
校長	翟智康先生	吳丹女士	呂浩華先生	鄭庭輝先生
收生類別	男女	男女	男女	男女
宗教	基督教	不適用	不適用	不適用
辦學團體	聖公宗（香港）小學監理委員會有限公司	政府	元朗東莞學校有限公司	元朗惠州學校有限公司
地址	元朗媽廟路15號	元朗欖口村路21號	元朗朗屏邨第一期	元朗朗屏邨第二期
校車服務	沒有	保姆車	保姆車	保姆車
A一條龍中學 / B直屬中學 / C聯繫中學	沒有	C：新界鄉議局元朗區中學、趙聿修紀念中學、天水圍官立中學	沒有	沒有
教師資歷 (教育文憑%、學士%、碩士及博士或以上%、特殊教育培訓%)	100%、100%、46%、66%	100%、98%、44%、30%	100%、100%、46%、37%	87%、98%、26%、29%
小一開班數目 (23/24、24/25(預計))	2、2	5、5	4、5	4、4
小一學額 (23/24、24/25(預計))	△	130、130	△	100、100
23/24年度自行收生階段報讀/甲、乙類取錄人數(平均分數)	△ / △、△ (△)	152 / 39、25 (△)	△ / △、△ (△)	△ / △、△ (△)
獲派首三志願學校比率	△	90%	△	△
最多學生入讀的三所中學	新界鄉議局元朗區中學、元朗公立中學、東華三院盧幹庭紀念中學	新界鄉議局元朗區中學、趙聿修紀念中學、天水圍官立小學	△	路德會西門英才中學、元朗公立中學、東華三院盧幹庭紀念中學

左側縱向標籤：基本資料 / 收生資料 / 22/23年度畢業生派位情況

註：(小班)以 25 位或以下學生為一班　△校方未有提供資料　# 以教育局在 2023 年所批核的班級數目為準。

升小準備　統一派位　叩門必修　封面故事　專家貼士　香港區　九龍區　新界區

學校資料　學校資料　學校資料

分區	元朗區	元朗區	元朗區	元朗區
學校名稱	元朗商會小學	元朗公立中學校友會小學	港澳信義會黃陳淑英紀念學校	中華基督教會元朗真光小學
校網 / 學校編號	73	73	74	74
網址	www.ylmaps.edu.hk	www.ylaps.edu.hk	www.wcsy.edu.hk	www.ckps.edu.hk
電話	2476 2268	2475 0328	2471 8502	2476 2696
主要教學語言	粵語、國語、英語	中文	中文	中文
創校年份	1946	1989	1983	1906
學制	全日	全日	全日	全日
校長	李德彩女士	姜穎怡女士	梁玉華女士	徐建森先生
收生類別	男女	男女	男女	男女
宗教	不適用	不適用	基督教	基督教
辦學團體	元朗商會教育促進有限公司	元朗公立中學校友會	基督教港澳信義會	中華基督教會香港區會
地址	元朗青山公路244號	元朗公園北路2號	元朗錦繡花園紫荊東路	元朗鐘聲徑5號
校車服務	沒有	校車、保姆車	保姆車	保姆車
A一條龍中學 / B直屬中學 / C聯繫中學	沒有	C：元朗公立中學校友會鄧兆棠中學	沒有	沒有
教師資歷（教育文憑%、學士%、碩士及博士或以上%、特殊教育培訓%）	91%、98%、31%、45%	100%、100%、30%、48%	100%、96%、27%、80%	100%、93%、37%、40%
小一開班數目（23/24、24/25（預計））	4、4	4、4	2、2	2、2
小一學額（23/24、24/25（預計））	△	△	50、50	△
23/24年度自行收生階段報讀/甲、乙類取錄人數（平均分數）	△ / △、△（△）	△ / △、△（△）	△ / 11、14（16）	△ / △、△（△）
獲派首三志願學校比率	97%	93%	81%	△
最多學生入讀的三所中學	元朗商會中學、聖公會白約翰會督中學、新界鄉議局元朗區中學	元朗商會中學、基督教香港信義會元朗信義中學、天主教崇德英文書院	趙聿修紀念中學、中華基督教會基元中學、中華基督教會基朗中學	△

基本資料　收生資料　22/23年度畢業生派位情況

註：(小班)以25位或以下學生為一班　△校方未有提供資料　#以教育局在2023年所批核的班級數目為準。

分區	元朗區	元朗區	元朗區	元朗區
學校名稱	鐘聲學校	基督教宣道會徐澤林紀念小學	佛教榮茵學校	錦田公立蒙養學校
校網/學校編號	74	74	74	74
網址	www.chungsing.edu.hk	www.ccl.edu.hk	www.bwys.edu.hk	www.ktmy.edu.hk
電話	2476 2505	2381 3904	2475 0433	2476 2414
主要教學語言	中文	中文	中文	中文
創校年份	1934	2002	1989	1953
學制	全日	全日	全日	全日
校長	賴嘉欣女士	林穎昭女士	孫偉文校長	曾卓龍先生
收生類別	男女	男女	男女	男女
宗教	不適用	基督教	佛教	不適用
辦學團體	鐘聲學校有限公司	基督教宣道會香港區聯會有限公司	香港佛教聯合會	錦田蒙養辦學團體有限公司
地址	元朗舊墟路29號	元朗建德街68號	元朗鳳攸南街6號	元朗錦田
校車服務	保姆車	校車	保姆車	保姆車
A一條龍中學/B直屬中學/C聯繫中學	沒有	沒有	沒有	沒有
教師資歷（教育文憑%、學士%、碩士及博士或以上%、特殊教育培訓%）	100%、97%、34%、52%	100%、100%、31%、0%	100%、96%、42%、36%	74%、96%、22%、80%
小一開班數目（23/24、24/25（預計））	5、5	4、4	6、4	1、1
小一學額（23/24、24/25（預計））	△	△	△	25、25
23/24年度自行收生階段報讀/甲、乙類取錄人數（平均分數）	△/△、△（△）	△/△、△（△）	△/△、△（△）	25/15、5（18）
獲派首三志願學校比率	△	△	△	94%
最多學生入讀的三所中學	△	△	△	元朗商會中學、路德會西門英才中學

基本資料、收生資料、22/23年度畢業生派位情況

註：（小班）以25位或以下學生為一班　△校方未有提供資料　#以教育局在2023年所批核的班級數目為準。

分區	元朗區	元朗區	元朗區	元朗區
學校名稱	光明英來學校	八鄉中心小學	聖公會聖約瑟小學	惇裕學校
校網 / 學校編號	74	74	74	74
網址	www.kmyls.edu.hk	www.phcps.edu.hk	www.skhsjs.edu.hk	www.tys.edu.hk
電話	2476 2610	2488 1520	2476 4962	2471 1915
主要教學語言	中文	中文及英文	中文	中文
創校年份	1972	2003	1954	1941
學制	全日	全日	全日	全日
校長	馮瑞德先生	黎婉姍女士	鍾勁翔女士	陳杏軒先生
收生類別	男女	男女	男女	男女
宗教	不適用	不適用	基督教	不適用
辦學團體	光明學校有限公司	同益堂	聖公宗（香港）小學監理委員會有限公司	惇裕學校校董會
地址	元朗元政路12號	元朗八鄉錦上路蓮花地199號	元朗錦田波地路12號	元朗新田
校車服務	保姆車	保姆車	保姆車	保姆車
A一條龍中學 / B直屬中學 / C聯繫中學	沒有	沒有	沒有	沒有
教師資歷（教育文憑%、學士%、碩士及博士或以上%、特殊教育培訓%）	100%、100%、33%、62%	88%、100%、58%、33%	93%、100%、21%、56.6%	100%、100%、31%、32%
小一開班數目（23/24、24/25（預計））	7、6	2、2	2、2	2、2
小一學額（23/24、24/25（預計））	182、156	52、52	60、60	△、△
23/24年度自行收生階段報讀/甲、乙類取錄人數（平均分數）	366 / 64、35（26）	△ / △、△（15）	△ / 12、18（20）	△ / △、△（△）
獲派首三志願學校比率	96%	94%	90%	95%
最多學生入讀的三所中學	基督教香港信義會元朗信義中學、中華基督教會基元中學、元朗商會中學	△	元朗商會中學、聖公會白約翰會督中學、元朗公立中學	△

左側欄：基本資料 / 收生資料 / 22/23年度畢業生派位情況

註：（小班）以25位或以下學生為一班　△校方未有提供資料　#以教育局在2023年所批核的班級數目為準。

分區	元朗區	元朗區	元朗區	北區
學校名稱	通德學校	元朗官立小學	鳳溪創新小學	東華三院馬錦燦紀念小學
校網／學校編號	74	74	80	80
網址	www.ttsch.edu.hk	www.ylgps.edu.hk	www.fkis.edu.hk	www.twghmkc.edu.hk
電話	2476 1101	2476 1160	2639 2201	2671 1071
主要教學語言	中文	中文	粵語、國語、英語	中文及英文
創校年份	1954	1904	1932	2009
學制	全日	全日	全日	全日
校長	黃偉立先生	馮燕儀女士	劉麗清女士	羅倩兒女士
收生類別	男女	男女	男女	男女
宗教	不適用	不適用	不適用	不適用
辦學團體	通德學校法團校董會	政府	鳳溪公立學校	東華三院
地址	元朗錦田城門新村	元朗坳頭友全街	上水馬會道19號A	上水清城路2號及上水彩園邨
校車服務	保姆車	保姆車	校車、保姆車	保姆車
A一條龍中學／B直屬中學／C聯繫中學	沒有	C：新界鄉議局元朗區中學、趙聿修紀念中學、天水圍官立中學	沒有	沒有
教師資歷（教育文憑%、學士%、碩士及博士或以上%、特殊教育培訓%）	73%、100%、23%、60%	100%、97%、39%、66%	100%、50%、42%、△	93%、100%、44%、35%
小一開班數目（23/24、24/25（預計））	1、1	5、4	4、4	6、6
小一學額（23/24、24/25（預計））	△	130、105	△、△、△	△
23/24年度自行收生階段報讀／甲、乙類取錄人數（平均分數）	△／△、△（△）	△／△、△（△）	△／△、△（△）	△／△、△（△）
獲派首三志願學校比率	△	△	△	△
最多學生入讀的三所中學	△	新界鄉議局元朗區中學、趙聿修紀念中學、天水圍官立中學	鳳溪廖萬石堂中學、鳳溪第一中學、風采中學	東華三院李嘉誠中學、東華三院甲寅年總理中學、風采中學

基本資料 ／ 收生資料 ／ 22/23年度畢業生派位情況

註：（小班）以25位或以下學生為一班　△校方未有提供資料　# 以教育局在2023年所批核的班級數目為準。

分區	北區	北區	北區	北區
學校名稱	鳳溪第一小學	香海正覺蓮社佛教陳式宏學校	香海正覺蓮社佛教正慧小學	金錢村何東學校
校網 / 學校編號	80	80	80	80
網址	www.fk1ps.edu.hk	www.bcsw.edu.hk	www.wisdom.edu.hk	www.ktvhts.edu.hk
電話	2670 9353	2672 4813	2668 9088	2670 3849
主要教學語言	中文	中文	中文	中文
創校年份	1932	1982	2003	1954
學制	全日	全日	全日	全日
校長	朱偉林先生	方子蘅女士	廖小玲女士	吳毓琪女士
收生類別	男女	男女	男女	男女
宗教	不適用	佛教	佛教	不適用
辦學團體	鳳溪公立學校	香海正覺蓮社	香海正覺蓮社	金錢村（校董會）有限公司
地址	上水馬會道19號及15號	上水石湖墟彩園邨	上水清城路6號	上水金錢村
校車服務	保姆車	保姆車	沒有	校車
A一條龍中學 / B直屬中學 / C聯繫中學	沒有	沒有	沒有	沒有
教師資歷（教育文憑%、學士%、碩士及博士或以上%、特殊教育培訓%）	97%、97%、22%、△	100%、96%、17%、38%	88.3%、65%、35%、46.7%	100%、100%、31%、60%
小一開班數目（23/24、24/25（預計））	4、4	3、3	4、5	2、2
小一學額（23/24、24/25（預計））	100、100	△	125、125	△
23/24年度自行收生階段報讀/甲、乙類取錄人數（平均分數）	94 / 28、22（25）	△ / △、△（△）	△ / △、△（△）	△ / △、△（△）
獲派首三志願學校比率	約80%	△	86.50%	△
最多學生入讀的三所中學	鳳溪廖萬石堂中學、鳳溪第一中學、風采中學、東華三院甲寅年總理中學	東華三院甲寅年總理中學、香港道教聯合會鄧顯紀念中學、風采中學	香港道教聯合會鄧顯紀念中學、粉嶺救恩書院	△

基本資料 / 收生資料 / 22/23年度畢業生派位情況

註：(小班)以25位或以下學生為一班　△校方未有提供資料　#以教育局在2023年所批核的班級數目為準。

分區	北區	北區	北區	北區
學校名稱	李志達紀念學校	石湖墟公立學校	聖公會榮真小學	曾梅千禧學校
校網 / 學校編號	80	80	80	80
網址	www.lctms.edu.hk	www.swhps.edu.hk	www.skhwc.edu.hk	www.tmms.edu.hk
電話	2673 8581	2672 1225	2670 3338	2670 3111
主要教學語言	中文	中文	中文	中文
創校年份	1991	1961	1989	2003
學制	全日	全日	全日	全日
校長	趙偉光先生	沈美芬女士	楊靄筠女士	鄧善珍女士
收生類別	男女	男女	男女	男女
宗教	不適用	不適用	基督教	不適用
辦學團體	李志達紀念基金有限公司	石湖公立學校有限公司	聖公宗（香港）小學監理委員會有限公司	李志達紀念基金有限公司
地址	上水天平路30號	上水天平邨	粉嶺吉祥街3號	上水清城路1號
校車服務	沒有	保姆車	保姆車	保姆車
A一條龍中學 / B直屬中學 / C聯繫中學	沒有	沒有	沒有	沒有
教師資歷（教育文憑%、學士%、碩士及博士或以上%、特殊教育培訓%）	87.9%、100%、27.3%、33%	100%、98%、33%、64%	100%、100%、31%、63%	100%、98%、38%、32%
小一開班數目（23/24、24/25（預計））	5、5	2、2	4、4	5、5
小一學額（23/24、24/25（預計））	125、125	78、100	100、100	△
23/24年度自行收生階段報讀/甲、乙類取錄人數（平均分數）	△ / △、△（△）	63 / 25、25（16.6）	△ / 53、47（18）	△ / △、△（△）
獲派首三志願學校比率	88%	85%	93%	△
最多學生入讀的三所中學	香港道教聯合會鄧顯紀念中學、東華三院甲寅年總理中學、田家炳中學	香港道教聯合會鄧顯紀念中學、東華三院甲寅年中學、東華三院李嘉誠中學	香港道教聯合會鄧顯紀念中學、東華三院甲寅年總理中學、田家炳中學	田家炳中學、中華基督教會基新中學、保良局馬錦明中學

左側分類：基本資料 / 收生資料 / 22/23年度畢業生派位情況

註：（小班）以 25 位或以下學生為一班　△校方未有提供資料　#以教育局在 2023 年所批核的班級數目為準。

升小準備 統一派位 叩門必修 封面故事 專家貼士 學校資料 香港區 學校資料 九龍區 學校資料 新界區

分區	北區	北區	北區	北區
學校名稱	東莞學校	東華三院港九電器商聯會小學	育賢學校	上水惠州公立學校
校網 / 學校編號	80	80	80	80
網址	www.tks.edu.hk	www.eama.edu.hk	www.yukyinschool.edu.hk	www.waichow.edu.hk
電話	2670 0334	2672 3285	2672 9917	2673 1183
主要教學語言	中文	中文	中文	中文
創校年份	1959	1988	1939	1959
學制	全日	全日	全日	全日
校長	吳美華女士	林惠敏女士	林向榮先生	鄭風先生
收生類別	男女	男女	男女	男女
宗教	不適用	不適用	不適用	不適用
辦學團體	東莞同鄉總會	東華三院	育賢教育會有限公司	上水惠州同鄉會有限公司
地址	上水馬會道	上水智昌路二號	上水智明街3號	上水天平路51號
校車服務	校車、保姆車	校車、保姆車	保姆車	保姆車
A一條龍中學 / B直屬中學 / C聯繫中學	沒有	沒有	沒有	沒有
教師資歷（教育文憑%、學士%、碩士及博士或以上%、特殊教育培訓%）	91%、100%、30%、45%	100%、98%、21%、31%	100%、100%、15%、68%	100%、100%、37%、44%
小一開班數目（23/24、24/25（預計））	1、2	3、2	1、1	5、5
小一學額（23/24、24/25（預計））	△	△	26、26	125、125
23/24年度自行收生階段報讀/甲、乙類取錄人數（平均分數）	△ / △、△（△）	△ / △、△（△）	28 / 8、5（20）	123 / 46、25（20）
獲派首三志願學校比率	△	△	93%	89%
最多學生入讀的三所中學	△	△	保良局馬錦明中學、佛教馬錦燦紀念英文中學	香港道教聯合會鄧顯紀念中學、風采中學、東華三院李嘉誠中學

基本資料 / 收生資料 / 22/23年度畢業生派位情況

註：(小班)以25位或以下學生為一班　△校方未有提供資料　#以教育局在2023年所批核的班級數目為準。

分區	北區	北區	北區	北區
學校名稱	救世軍中原慈善基金皇后山學校	上水宣道小學	基督教粉嶺神召會小學	粉嶺官立小學
校網 / 學校編號	81	81	81	81
網址	www.saccfqhs.edu.hk	www.apsss.edu.hk	www.fagps.edu.hk	www.fgps.edu.hk
電話	3151 0323	2670 2257	2947 9966	2669 2024
主要教學語言	中文	粵語、國語	中文	中文
創校年份	2021	1961	2001	1984
學制	全日	全日	全日	全日
校長	陳喜泉先生	尹素嫻女士	李碧雯女士	陳慧玲女士
收生類別	男女	男女	男女	男女
宗教	基督教	基督教	基督教	不適用
辦學團體	救世軍	香港九龍塘基督教中華宣道會	基督教粉嶺神召會有限公司	政府
地址	粉嶺龍峻路2號	粉嶺聯和墟和睦路2號	粉嶺和鳴里2號	粉嶺祥華邨
校車服務	沒有	保姆車	校車	校車
A一條龍中學 / B直屬中學 / C聯繫中學	沒有	沒有	沒有	C：粉嶺官立中學、上水官立中學
教師資歷（教育文憑%、學士%、碩士及博士或以上%、特殊教育培訓%）	79%、100%、28%、6%	97%、100%、26%、36%	100%、100%、42%、54%	98%、100%、17%、37%
小一開班數目（23/24、24/25（預計））	5、5	3、3	4、4	3、3
小一學額（23/24、24/25（預計））	△	△	△	△
23/24年度自行收生階段報讀/甲、乙類取錄人數（平均分數）	△ / △、△（△）	△ / △、△（△）	△ / △、△（△）	△ / △、△（△）
獲派首三志願學校比率	△	98%	95%	△
最多學生入讀的三所中學	△	粉嶺禮賢會中學、宣道會陳朱素華紀念中學、東華三院李嘉誠中學	△	聖公會陳融中學、東華三院李嘉誠中學、保良局馬錦明中學

基本資料 / 收生資料 / 22/23年度畢業生派位情況

註：（小班）以25位或以下學生為一班　△校方未有提供資料　# 以教育局在2023年所批核的班級數目為準。

分區	北區	北區	北區	北區
學校名稱	五旬節靳茂生小學	方樹福堂基金方樹泉小學	鳳溪廖潤琛紀念學校	香海正覺蓮社佛教正覺蓮社學校
校網 / 學校編號	81	81	81	81
網址	www.pgms.edu.hk	www.fsc.edu.hk	www.fklys.edu.hk	www.bcklas.edu.hk
電話	2670 0103	2708 2211	2677 2311	2675 4411
主要教學語言	粵語、國語、英語	中文	中文	中文
創校年份	1986	1990	1990	1962
學制	全日	全日	全日	全日
校長	馬慶輝先生	譚仲漢先生	謝盛業先生	陳麗嫦女士
收生類別	男女	男女	男女	男女
宗教	基督教	不適用	不適用	佛教
辦學團體	基督教九龍五旬節會	方樹福堂基金	鳳溪公立學校	香海正覺蓮社
地址	粉嶺壁峰路4號	粉嶺華明邨第二期校舍	粉嶺華明邨	粉嶺一鳴路12號
校車服務	校車、保姆車	保姆車	保姆車	保姆車
A一條龍中學 / B直屬中學 / C聯繫中學	C：五旬節林漢光中學、五旬節中學	沒有	沒有	沒有
教師資歷（教育文憑%、學士%、碩士及博士或以上%、特殊教育培訓%）	100%、98%、36%、56%	100%、96%、39%、52%	100%、65%、33%、62%	100%、98%、53%、42%
小一開班數目（23/24、24/25（預計））	4、4	3、2	4、4	5、4
小一學額（23/24、24/25（預計））	100、100	△	△	△
23/24年度自行收生階段報讀/甲、乙類取錄人數（平均分數）	131 / 30、101（16）	△ / △、△（△）	△ / △、△（△）	△ / △、△（△）
獲派首三志願學校比率	95%	△	91.07%	△
最多學生入讀的三所中學	香港道教聯合會鄧顯紀念中學、田家炳中學、他區第一組別中學	△	明愛粉嶺陳震夏中學、宣道會陳朱素華紀念中學、粉嶺官立中學	△

左側欄（由上至下）：
升小準備　統一派位　叩門必修　封面故事　專家貼士
學校資料 香港區
學校資料 九龍區
學校資料 新界區

表格左側分類：基本資料　收生資料　22/23年度畢業生派位情況

註：(小班)以25位或以下學生為一班　△校方未有提供資料　#以教育局在2023年所批核的班級數目為準。

分區	北區	北區	北區	北區
學校名稱	打鼓嶺嶺英公立學校	五旬節于良發小學	寶血會培靈學校	聖公會嘉福榮真小學
校網 / 學校編號	81	81	81	81
網址	www.lyps.edu.hk	www.pylfps.edu.hk	www.plpb.edu.hk	www.skhkfwc.edu.hk
電話	2674 0538	2679 5626	2675 6617	2947 6888
主要教學語言	中文	粵語、國語、英語	中文	中文
創校年份	1958	1999	1959	2000
學制	全日	全日	全日	全日
校長	朱國強先生	薛詠詩女士	陳靄媚女士	何盈蔚女士
收生類別	男女	男女	男女	男女
宗教	不適用	基督教	天主教	基督教
辦學團體	打鼓嶺嶺英公立學校（校董會）有限公司	基督教九龍五旬節會	耶穌寶血女修會	聖公宗（香港）小學監理委員會有限公司
地址	北區打鼓嶺週田村	粉嶺暉明路16號	粉嶺安樂村安樂門街13號	粉嶺嘉福邨
校車服務	校車、保姆車	校車、保姆車	保姆車	校車
A一條龍中學 / B直屬中學 / C聯繫中學	沒有	沒有	沒有	沒有
教師資歷（教育文憑%、學士%、碩士及博士或以上%、特殊教育培訓%）	100%、100%、50%、55%	100%、100%、23%、60.4%	100%、100%、37%、50%	100%、98%、24%、59%
小一開班數目（23/24、24/25（預計））	3、3	5、5	3、3	4、4
小一學額（23/24、24/25（預計））	△	125、125	△	△
23/24年度自行收生階段報讀/甲、乙類取錄人數（平均分數）	△ / △、△（△）	△ / △、△（△）	△ / △、△（△）	△ / △、△（△）
獲派首三志願學校比率	△	95.10%	△	△
最多學生入讀的三所中學	△	香港道教聯合會鄧顯紀念中學、東華三院甲寅年總理中學、田家炳中學	△	△

（基本資料 / 收生資料 / 22/23 年度畢業生派位情況）

Enjoy the little moments

註：（小班）以 25 位或以下學生為一班　△校方未有提供資料　#以教育局在 2023 年所批核的班級數目為準。

升小準備 統一派位 叩門必修 封面故事 專家貼士 香港區 學校資料 九龍區 學校資料 新界區 學校資料

分區	北區	北區	北區	北區
學校名稱	粉嶺公立學校	東華三院曾憲備小學	沙頭角中心小學	福德學社小學
校網／學校編號	81	81	83	83
網址	www.flp.edu.hk	www.thpps.edu.hk	www.stkcps.edu.hk	www.ftesps.edu.hk
電話	2670 2297	2370 9811	2674 9080	2674 2120
主要教學語言	中文	中文及英文	中文	中文
創校年份	1936	2021	1988	1959
學制	全日	全日	全日	全日
校長	余美賢女士	簡俊達先生	林錦鴻先生	陳劍青女士
收生類別	男女	男女	男女	男女
宗教	不適用	不適用	不適用	不適用
辦學團體	粉嶺公立學校（校董會）有限公司	東華三院	沙頭角中心小學有限公司	福德學社
地址	粉嶺粉嶺村651號	粉嶺龍馬路53號	沙頭角沙頭角墟第四區	沙頭角山咀村及崗下村
校車服務	保姆車	保姆車	校車、保姆車	校車、保姆車
A一條龍中學／B直屬中學／C聯繫中學	沒有	沒有	沒有	沒有
教師資歷（教育文憑%、學士%、碩士及博士或以上%、特殊教育培訓%）	90%、100%、33%、74%	80%、100%、40%、33%	100%、100%、52%、80%	91%、100%、43%、50%
小一開班數目（23/24、24/25（預計））	3、3	5、5	1、1	1、2
小一學額（23/24、24/25（預計））	75、75	△	△	△
23/24年度自行收生階段報讀/甲、乙類取錄人數（平均分數）	0 / 0、0（0）	△ / △、△（△）	△ / △、△（△）	△ / △、△（△）
獲派首三志願學校比率	91.10%	△	△	△
最多學生入讀的三所中學	東華三院甲寅年總理中學、粉嶺禮賢會中學、粉嶺救恩書院	△	△	△

基本資料 / 收生資料 / 22/23年度畢業生派位情況

註：(小班)以25位或以下學生為一班　△校方未有提供資料　#以教育局在2023年所批核的班級數目為準。

分區	北區	大埔區	大埔區	大埔區
學校名稱	仁濟醫院蔡衍濤小學	港九街坊婦女會孫方中小學	香港道教聯合會雲泉吳禮和紀念學校	林村公立黃福鑾紀念學校
校網/學校編號	84	84	84	84
網址	www.ychchtps.edu.hk	www.sfc.edu.hk	www.nlw.edu.hk	www.wfl.edu.hk
電話	2656 6116	2661 8896	2667 2111	2650 3355
主要教學語言	粵語、國語、英語	中文	中文及英文	中文
創校年份	1992	1987	1984	1988
學制	全日	全日	全日	全日
校長	徐劍校長	蔡惠儀女士	鄭紀文女士	梁志文先生
收生類別	男女	男女	男女	男女
宗教	不適用	不適用	道教	不適用
辦學團體	仁濟醫院	港九街坊婦女會	香港道教聯合會	大埔林村鄉發展教育委員會有限公司
地址	大埔運頭塘邨	大埔富善邨第三期	大埔大元邨	大埔太和邨
校車服務	保姆車	校車、保姆車	保姆車	校車
A一條龍中學/B直屬中學/C聯繫中學	沒有	A：港九街坊婦女會孫方中書院	沒有	沒有
教師資歷(教育文憑%、學士%、碩士及博士或以上%、特殊教育培訓%)	100%、100%、50%、38%	100%、100%、42%、53%	100%、100%、31%、47%	100%、100%、31%、29%
小一開班數目(23/24、24/25(預計))	4、3	4、4	3、3	4、4
小一學額(23/24、24/25(預計))	100、75	△	△	100、100
23/24年度自行收生階段報讀/甲、乙類取錄人數(平均分數)	△/△、△(△)	△/△、△(△)	△/△、△(△)	△/△、△(△)
獲派首三志願學校比率	△	97.60%	△	92%
最多學生入讀的三所中學	△	港九街坊婦女會孫方中書院、南亞路德會沐恩中學、迦密柏雨中學	△	中華聖潔會靈風中學、救恩書院、孔教學院大成何郭佩珍中學

左側縱向標題：基本資料 / 收生資料 / 22/23年度畢業生派位情況

註：（小班）以25位或以下學生為一班　△校方未有提供資料　#以教育局在2023年所批核的班級數目為準。

升小準備 統一派位 叩門必修 封面故事 專家貼士 學校資料 香港區 學校資料 九龍區 學校資料 新界區

	分區	大埔區	大埔區	大埔區	大埔區
	學校名稱	新界婦孺福利會基督教銘恩小學	新界婦孺福利會梁省德學校	保良局田家炳千禧小學	保良局田家炳小學
基本資料	校網 / 學校編號	不適用	84	84	84
	網址	www.taipocrgps.edu.hk	www.taipolst.edu.hk	www.plktkpmps.edu.hk	www.plktkp.edu.hk
	電話	2668 6112	2664 1223	2650 5551	2652 1222
	主要教學語言	中文	中文	粵語、國語、英語	粵語、國語、英語
	創校年份	2018	1981	2002	1991
	學制	全日	全日	全日	全日
	校長	姚惠瑜校長	陳家偉博士	陳寶玲女士	陳詠賢女士
	收生類別	男女	男女	男女	男女
	宗教	基督教	不適用	不適用	不適用
	辦學團體	新界婦孺福利會有限公司	新界婦孺福利會有限公司	保良局	保良局
	地址	大埔大元邨	大埔大元邨	大埔大埔公路大埔滘段4641號	大埔第六區運頭塘村
	校車服務	沒有	保姆車	校車	校車
	A一條龍中學 / B直屬中學 / C聯繫中學	沒有	沒有	沒有	沒有
	教師資歷(教育文憑%、學士%、碩士及博士或以上%、特殊教育培訓%)	83%、100%、24%、41%	100%、100%、44%、57%	90%、100%、31%、39%	98%、100%、24.5%、53.3%
收生資料	小一開班數目(23/24、24/25(預計))		4、4	5、5	4、4
	小一學額(23/24、24/25(預計))	*學校預計將於2027年停辦	△	125、125	100、100
	23/24年度自行收生階段報讀/甲、乙類取錄人數(平均分數)		△ / △、△(△)	△ / △、△(△)	200 / 30、20(20)
22/23年度畢業生派位情況	獲派首三志願學校比率		△	不提供	97%
	最多學生入讀的三所中學		△	不提供	莫壽增會督中學、迦密柏雨中學、恩主教書院

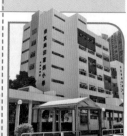

註:(小班)以25位或以下學生為一班 △校方未有提供資料 #以教育局在2023年所批核的班級數目為準。

分區	大埔區	大埔區	大埔區	大埔區
學校名稱	天主教聖母聖心小學	三水同鄉會禤景榮學校	聖公會阮鄭夢芹銀禧小學	聖公會阮鄭夢芹小學
校網/學校編號	84	84	84	84
網址	www.shmcps.edu.hk	ssnahkws.edu.hk	www.skhycmcj.edu.hk	www.skhycmcps.edu.hk
電話	2660 6161	2661 9383	2666 0606	2658 9183
主要教學語言	中文	粵語、國語、英語	粵語、國語、英語	粵語、國語
創校年份	1962	1986	2009	1984
學制	全日	全日	全日	全日
校長	劉敏怡女士	李小寶女士	鄧依萍校長	陳嘉文先生
收生類別	男女	男女	男女	男女
宗教	天主教	不適用	基督教	基督教
辦學團體	天主教香港教區	三水同鄉會建校基金會有限公司	聖公宗（香港）小學監理委員會有限公司	聖公宗（香港）小學監理委員會有限公司
地址	大埔富亨邨第一期	大埔富善邨	大埔富亨邨	大埔廣福邨
校車服務	校車	校車、保姆車	校車	校車
A一條龍中學/B直屬中學/C聯繫中學	沒有	沒有	沒有	沒有
教師資歷（教育文憑%、學士%、碩士及博士或以上%、特殊教育培訓%）	100%、100%、23%、49%	89.8%、100%、28.8%、20.3%	100%、98%、34%、58%	100%、95%、37%、48%
小一開班數目（23/24、24/25（預計））	4、4	4、4	5、4	5、5
小一學額（23/24、24/25（預計））	△	100、100	125、100	125、125
23/24年度自行收生階段報讀/甲、乙類取錄人數（平均分數）	△ / △、△（△）	50 / 35、15（15）	△ / 32、31（△）	△ / △、△（△）
獲派首三志願學校比率	△	95%	93%	92.70%
最多學生入讀的三所中學	△	王肇枝中學、香港道教聯合會圓玄學院第二中學、神召會康樂中學	迦密柏雨中學、聖公會莫壽增會督中學、南亞路德會沐恩中學	迦密柏雨中學、救恩書院、聖公會莫壽增會督中學

基本資料 / 收生資料 / 22/23年度畢業生派位情況

註：（小班）以 25 位或以下學生為一班　△校方未有提供資料　# 以教育局在 2023 年所批核的班級數目為準。

升小準備 統一派位 叩門必修 封面故事 專家貼士 學校資料 香港區 學校資料 九龍區 學校資料 新界區

分區	大埔區	大埔區	大埔區	大埔區
學校名稱	大埔崇德黃建常紀念學校	大埔浸信會公立學校	大埔官立小學	大埔循道衛理小學
校網 / 學校編號	84	84	84	84
網址	www.wks.edu.hk	www.tpbps.edu.hk	www.tpgps.edu.hk	www.tpms.edu.hk
電話	2653 5565	2656 3933	2658 4062	2662 2011
主要教學語言	粵語、國語	中文	中文	粵語、國語
創校年份	1985	1946	1946	1992
學制	全日	全日	全日	全日
校長	陳愛英校長	蔡碧蕊女士	關玉娟女士	李綺瓊女士
收生類別	男女	男女	男女	男女
宗教	不適用	基督教	不適用	基督教
辦學團體	大埔崇德學校有限公司	大埔浸信會	政府	香港基督教循道衛理聯合教會
地址	大埔東昌街	大埔廣福邨	大埔太和路8號	大埔棟樑路10號
校車服務	沒有	校車	保姆車	△
A一條龍中學 / B直屬中學 / C聯繫中學	沒有	沒有	C：新界鄉議局大埔區中學、粉嶺官立中學	沒有
教師資歷（教育文憑%、學士%、碩士及博士或以上%、特殊教育培訓%）	100%、98%、40%、51%	1.6%、56.4%、43.3%、66.7%	100%、100%、14%、58%	97%、98%、28%、58.9%
小一開班數目（23/24、24/25（預計））	4、4	4、4	2、2	5、5
小一學額（23/24、24/25（預計））	100、100	100、100	△	125、125
23/24年度自行收生階段報讀/甲、乙類取錄人數（平均分數）	△ / △、△（△）	34 / 15、19（△）	△ / △、△（△）	88 / 39、25（30）
獲派首三志願學校比率	△	91.10%	△	86.10%
最多學生入讀的三所中學	香港道教聯合會圓玄學院第二中學、迦密柏雨中學、孔教學院何郭佩珍中學	聖公會莫壽增會督中學、王肇枝中學、香港道教聯合會圓玄學院第二中學	新界鄉議局大埔區中學、神召會康樂中學、迦密聖道中學	聖公會莫壽增會督中學、迦密聖道中學、孔教學院何郭佩珍中學

註：(小班)以25位或以下學生為一班　△校方未有提供資料　#以教育局在2023年所批核的班級數目為準。

分區	大埔區	大埔區	大埔區	大埔區
學校名稱	大埔舊墟公立學校	大埔舊墟公立學校（寶湖道）	香港教育大學賽馬會小學	沙田官立小學
校網／學校編號	84	84	84	88
網址	tpomps.icampus.hk	www.tpompspc.edu.hk	www.edujcps.edu.hk	www.stgps.edu.hk
電話	2665 4610	2665 2333	2948 1122	2605 3304
主要教學語言	中文及英文	中文	中文及英文	中文
創校年份	1964	2002	2002	1981
學制	全日	全日	全日	全日
校長	張麗珠女士	葉億兆先生	張錦欣女士	黃翠嫻女士
收生類別	男女	男女	男女	男女
宗教	不適用	不適用	不適用	不適用
辦學團體	大埔舊墟公立學校有限公司	大埔舊墟公立學校有限公司	香港教育大學附屬學校有限公司	政府
地址	大埔安祥路10號	大埔寶湖道7號	大埔露屏路10號	沙田新田圍邨
校車服務	沒有	保姆車	校車	校車
A一條龍中學／B直屬中學／C聯繫中學	沒有	沒有	沒有	C：沙田官立中學、梁文燕紀念中學
教師資歷（教育文憑%、學士%、碩士及博士或以上%、特殊教育培訓%）	100%、98%、60%、52%	100%、100%、51%、33%	100%、100%、44%、34%	100%、98%、47%、39%
小一開班數目（23/24、24/25（預計））	4、4	5、5	4、4	4、5
小一學額（23/24、24/25（預計））	132、132	160、160	108、108	△
23/24年度自行收生階段報讀/甲、乙類取錄人數（平均分數）	△／△、△（△）	△／△、△（△）	△／△、△（△）	△／△、△（△）
獲派首三志願學校比率	93.60%	97%	92%	∧
最多學生入讀的三所中學	迦密柏雨中學、沐恩中學、聖公會莫壽增會督中學	迦密柏雨中學、聖公會莫壽增會督中學、王肇枝中學	迦密柏雨中學、聖公會莫壽增會督中學、南亞路德會沐恩中學	△

基本資料 / 收生資料 / 22/23年度畢業生派位情況

註：（小班）以 25 位或以下學生為一班　△校方未有提供資料　# 以教育局在 2023 年所批核的班級數目為準。

分區	沙田區	沙田區	沙田區	沙田區
學校名稱	迦密愛禮信小學	香港九龍塘基督教中華宣道會陳元喜小學	香港中文大學校友會聯會張煊昌學校	循理會白普理基金循理小學
校網 / 學校編號	88	88	88	88
網址	www.calps.edu.hk	www.cahcc.edu.hk	www.tcps.edu.hk	www.chunlei.edu.hk
電話	2699 6945	2699 8030	2693 1898	2605 7755
主要教學語言	粵語、國語、英語	粵語、國語、英語	中文	粵語、國語、英語
創校年份	1986	1984	1987	1983
學制	全日	全日	全日	全日
校長	易惠如女士	吳澤來校長	李慧苑女士	楊錦銚先生
收生類別	男女	男女	男女	男女
宗教	基督教	基督教	不適用	基督教
辦學團體	基督教興學會有限公司	香港九龍塘基督教中華宣道會	香港中文大學校友會聯會教育基金會有限公司	香港循理會
地址	大圍顯徑邨	沙田美林邨	沙田顯徑村嘉田苑	大圍新翠邨第一校舍
校車服務	校車	校車	保姆車	校車
A一條龍中學 / B直屬中學 / C聯繫中學	沒有	沒有	沒有	沒有
教師資歷（教育文憑%、學士%、碩士及博士或以上%、特殊教育培訓%）	100%、100%、27%、57%	100%、100%、32%、63%	92%、100%、43%、53%	100%、96%、17%、66%
小一開班數目（23/24、24/25（預計））	4、4	5、5	4、4	5、4
小一學額（23/24、24/25（預計））	100、100	△	100、100	125、100
23/24年度自行收生階段報讀/甲、乙類取錄人數（平均分數）	△ / △、△（△）	△ / △、△（△）	△ / △、△（△）	△ / 9、54（△）
獲派首三志願學校比率	94%	91%	△	90%
最多學生入讀的三所中學	△	香港九龍塘基督教中華宣道會鄭榮之中學、沙田循道衛理中學、浸信會呂明才中學	沙田官立中學、香港九龍塘基督教中華宣道會鄭榮之中學、德信中學	沙田培英中學、沙田崇真中學、沙田循道衛理中學

左欄標示（由上而下）：基本資料、收生資料、22/23年度畢業生派位情況

註：（小班）以25位或以下學生為一班　△校方未有提供資料　#以教育局在2023年所批核的班級數目為準。

分區	沙田區	沙田區	沙田區	沙田區
學校名稱	循理會美林小學	東莞工商總會張煌偉小學	聖母無玷聖心學校	九龍城浸信會禧年（恩平）小學
校網／學校編號	88	88	88	88
網址	www.fmml.edu.hk	www.cwwps.edu.hk	www.ihms.edu.hk	www.hnyp.edu.hk
電話	2605 2868	2516 3000	2691 2171	2605 3811
主要教學語言	粵語、國語、英語	中文	中文	中文
創校年份	2005	1984	1964	2006
學制	全日	全日	全日	全日
校長	招捷玲女士	梁偉基先生	林美雲女士	陶劍颿女士
收生類別	男女	男女	男女	男女
宗教	基督教	不適用	天主教	基督教
辦學團體	循理會美林小學有限公司	東莞工商總會	聖母痛苦方濟傳教女修會香港區受託人法團	九龍城浸信會
地址	沙田大圍美城苑	沙田翠田街2號新翠邨	大圍美田路1號	大圍新翠邨第二期校舍
校車服務	校車	校車	校車	校車、保姆車
A一條龍中學／B直屬中學／C聯繫中學	沒有	C：東莞工商總會劉百樂中學	C：聖母無玷聖心書院	沒有
教師資歷（教育文憑%、學士%、碩士及博士或以上%、特殊教育培訓%）	100%、100%、42%、44%	100%、96%、26%、44%	100%、100%、31%、67.3%	94%、98%、33%、52%
小一開班數目（23/24、24/25（預計））	2、2	3、3	4、4	1、1
小一學額（23/24、24/25（預計））	△	△	100、100	75、25
23/24年度自行收生階段報讀／甲、乙類取錄人數（平均分數）	△／△、△（△）	△／△、△（△）	△／△、△（△）	△／△、△（△）
獲派首三志願學校比率	△	90%	△	△
最多學生入讀的三所中學	佛教黃允畋中學、沙田官立中學、樂善堂楊葛小琳中學	東莞工商總會劉百樂中學、博愛醫院陳楷紀念中學、樂道中學	△	△

註：（小班）以 25 位或以下學生為一班　△校方未有提供資料　# 以教育局在 2023 年所批核的班級數目為準。

升小準備 統一派位 叩門必修 封面故事 專家貼士 學校資料 香港區 學校資料 九龍區 學校資料 新界區

分區	沙田區	沙田區	沙田區	沙田區
學校名稱	保良局王賜豪（田心谷）小學	聖公會馬鞍山主風小學	東華三院冼次雲小學	香港九龍塘基督教中華宣道會台山陳元喜小學
校網／學校編號	88	89	88	89
網址	www.plkwch.edu.hk	www.skhmoshs.edu.hk	www.scwps.edu.hk	www.catshcc.edu.hk
電話	2606 2363	2604 8487	2694 9272	2633 9277
主要教學語言	粵語、國語、英語	中文	中文	中文
創校年份	2005	2000	1987	1984
學制	全日	全日	全日	全日
校長	畢錦龍先生	劉凱芝女士	黃偉興先生	岑韻蘭女士
收生類別	男女	男女	男女	男女
宗教	不適用	基督教	不適用	基督教
辦學團體	保良局	聖公宗(香港)小學監理委員會有限公司	東華三院	香港九龍塘基督教中華宣道會
地址	沙田隆亨邨2A地段	馬鞍山寧泰路35號	大圍積福街38號	馬鞍山頌安邨
校車服務	校車	校車	校車	校車
A一條龍中學／B直屬中學／C聯繫中學	沒有	沒有	沒有	沒有
教師資歷（教育文憑%、學士%、碩士及博士或以上%、特殊教育培訓%）	100%、100%、△、△	100%、98%、38%、45%	97.96%、75.51%、22.45%、48%	92%、98%、23%、26%
小一開班數目（23/24、24/25(預計))	4、4	5、5	4、4	5、5
小一學額（23/24、24/25(預計))	100、100	△	75、100	△
23/24年度自行收生階段報讀/甲、乙類取錄人數（平均分數)	100 / 32、20(△)	△ / △、△(△)	△ / △、△(△)	△ / △、△(△)
獲派首三志願學校比率	92.71%	△	90%	92%
最多學生入讀的三所中學	五旬節林漢光中學、沙田蘇浙公學、香港九龍塘基督教中華宣道會鄭榮之中學	△	沙田蘇浙公學、宣道會鄭榮之中學、東華三院馮黃鳳亭中學	△

基本資料 · 收生資料 · 22/23年度畢業生派位情況

註：(小班)以25位或以下學生為一班　△校方未有提供資料　#以教育局在2023年所批核的班級數目為準。

分區	沙田區	沙田區	沙田區	沙田區
學校名稱	基督教香港信義會馬鞍山信義學校	香港道教聯合會純陽小學	九龍城浸信會禧年小學	馬鞍山靈糧小學
校網 / 學校編號	89	89	89	89
網址	www.mluthps.edu.hk	www.syps.edu.hk	www.haynien.edu.hk	www.mosllps.edu.hk
電話	2642 9118	2642 2355	2641 1213	2643 0707
主要教學語言	中文	中文	粵語、國語、英語	中文及英文
創校年份	1987	1995	1988	1993
學制	全日	全日	全日	全日
校長	簡淑菁女士	梁美玲女士	蔡婉玲女士	胡俊秋先生
收生類別	男女	男女	男女	男女
宗教	基督教	道教	基督教	基督教
辦學團體	基督教香港信義會	香港道教聯合會	九龍城浸信會	基督教靈糧世界佈道會香港靈糧堂
地址	馬鞍山恒安邨第二校舍	馬鞍山鞍駿街30號	馬鞍山恒信街3號富安花園	馬鞍山利安邨
校車服務	校車	校車	校車	保姆車
A一條龍中學 / B直屬中學 / C聯繫中學	沒有	沒有	沒有	沒有
教師資歷（教育文憑%、學士%、碩士及博士或以上%、特殊教育培訓%）	100%、100%、20%、31%	87%、98%、15%、32%	100%、100%、42%、100%	95%、98%、29%、39%
小一開班數目（23/24、24/25（預計））	3、3	2、2	4、4	6、6
小一學額（23/24、24/25（預計））	△	△	100、100	△
23/24年度自行收生階段報讀/甲、乙類取錄人數（平均分數）	△ / △、△（△）	△ / △、△（△）	△ / 29、21（15）	△ / △、△（△）
獲派首三志願學校比率	△	84%	82%	約90%
最多學生入讀的三所中學	沙田官立中學、保良局胡忠中學、梁文燕紀念中學（沙田）	馬鞍山聖若瑟中學、五旬節林漢光中學、保良局胡忠中學	沙田培英中學、聖公會林裘謀中學、沙田崇真中學	馬鞍山聖若瑟中學、馬鞍山崇真中學、保良局胡忠中學

Left-side vertical labels: 基本資料 / 收生資料 / 22/23年度畢業生派位情況

註：（小班）以 25 位或以下學生為一班　△校方未有提供資料　# 以教育局在 2023 年所批核的班級數目為準。

升小準備 統一派位 叩門必修 封面故事 專家貼士 香港區 學校資料 九龍區 學校資料 新界區 學校資料

分區	沙田區	沙田區	沙田區	沙田區
學校名稱	馬鞍山循道衛理小學	馬鞍山聖若瑟小學	吳氏宗親總會泰伯紀念學校	保良局雨川小學
校網／學校編號	89	89	89	89
網址	www.mosmps.edu.hk	www.mossjps.edu.hk	www.taipak.edu.hk	www.plkrps.edu.hk
電話	2630 9219	2642 9186	2640 4033	2633 3170
主要教學語言	粵語、國語、英語	粵語、國語、英語	粵語、國語、英語	中文
創校年份	2000	1987	1991	1988
學制	全日	全日	全日	全日
校長	許綺珊女士	楊翠珊女士	侯達燊先生	蔡曼筠女士
收生類別	男女	男女	男女	男女
宗教	基督教	天主教	不適用	不適用
辦學團體	香港基督教循道衛理聯合教會	香港天主教方濟會	香港吳氏宗親總會	保良局
地址	馬鞍山恒明街11號	沙田馬鞍山恒安邨	馬鞍山錦英苑	馬鞍山鞍駿街28號
校車服務	保姆車	校車	校車	校車
A一條龍中學／B直屬中學／C聯繫中學	沒有	沒有	沒有	沒有
教師資歷（教育文憑%、學士%、碩士及博士或以上%、特殊教育培訓%）	95%、100%、39%、60%	100%、100%、27%、40%	100%、100%、39%、30%	97%、100%、31%、30%
小一開班數目（23/24、24/25（預計））	5、5	2、2	2、2	5、5
小一學額（23/24、24/25（預計））	125、125	△	100、100	△
23/24年度自行收生階段報讀/甲、乙類取錄人數（平均分數）	△ / 50、25（△）	△ / △、△（△）	△ / △、△（15）	△ / △、△（△）
獲派首三志願學校比率	92%	△	92%	95%
最多學生入讀的三所中學	沙田循道衛理中學	△	聖公會曾肇添中學、沙田培英中學、沙田官立中學	△

（基本資料／收生資料／22/23年度畢業生派位情況）

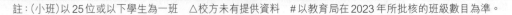

註：(小班)以25位或以下學生為一班　△校方未有提供資料　#以教育局在2023年所批核的班級數目為準。

分區	沙田區	沙田區	沙田區	沙田區
學校名稱	保良局莊啟程小學	東華三院蔡榮星小學	浸信會呂明才小學	浸信會沙田圍呂明才小學
校網 / 學校編號	89	91	91	91
網址	www.plkcktps.edu.hk	www.twghscops.edu.hk	www.blmcps.edu.hk	www.bstwlmc.edu.hk
電話	2641 0221	2959 3606	2648 3132	2647 6242
主要教學語言	中文	中文及英文	粵語、國語、英語	粵語、國語、英語
創校年份	1988	2018	1982	1999
學制	全日	全日	全日	全日
校長	王寶音女士	梁敦瑜女士	黃輝微女士	尹紹光先生
收生類別	男女	男女	男女	男女
宗教	不適用	不適用	基督教	基督教
辦學團體	保良局	東華三院	香港浸信會聯會	香港浸信會聯會
地址	馬鞍山耀安邨	沙田博泉街 19 號	沙田第一城得榮街2號	沙田圓洲角路8號
校車服務	校車	保姆車	校車	校車、保姆車
A一條龍中學 / B直屬中學 / C聯繫中學	沒有	沒有	C：浸信會呂明才中學	C：浸信會呂明才中學
教師資歷(教育文憑%、學士%、碩士及博士或以上%、特殊教育培訓%)	94%、100%、30%、40%	84%、98%、21%、20%	96%、94%、18%、47%	98%、100%、42%、43%
小一開班數目(23/24、24/25(預計))	4、4	5、5	4、4	5、5
小一學額(23/24、24/25(預計))	100、100	△	120、120	150、150
23/24年度自行收生階段報讀/甲、乙類取錄人數(平均分數)	△ / 30、20 (17.75)	△ / △、△ (△)	△ / △、△ (△)	△ / △、△ (△)
獲派首三志願學校比率	92.22%	△	95%	△
最多學生入讀的三所中學	沙田官立中學、保良局胡忠中學		浸信會呂明才中學、聖公會曾肇添中學、香港神託會培基書院	浸信會呂明才中學、香港神託會培基書院、協恩中學

基本資料 / 收生資料 / 22/23 年度畢業生派位情況

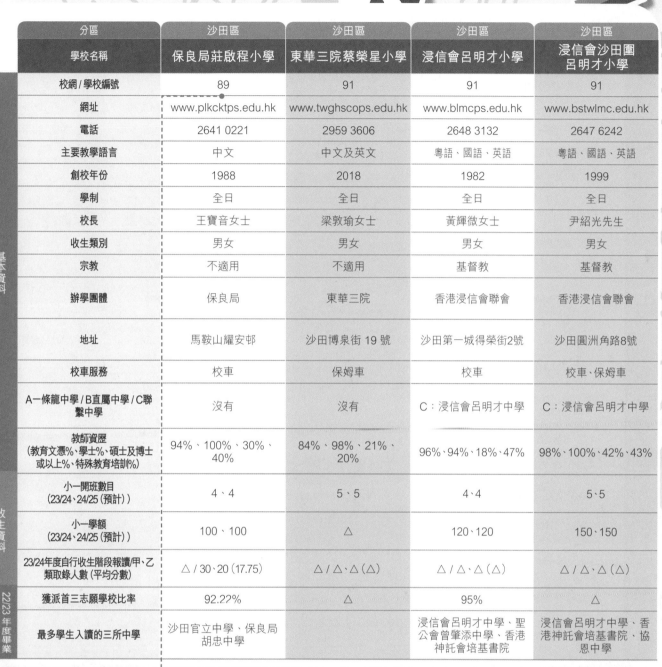

註：(小班) 以 25 位或以下學生為一班　△校方未有提供資料　# 以教育局在 2023 年所批核的班級數目為準。

分區	沙田區	沙田區	沙田區	沙田區
學校名稱	慈航學校	胡素貞博士紀念學校	路德會梁鉅鏐小學	世界龍岡學校黃耀南小學
校網 / 學校編號	91	91	91	91
網址	www.chihong.edu.hk	www.dcfwms.edu.hk	www.lkklps.edu.hk	www.wynps.edu.hk
電話	2648 6834	2646 8902	2637 9023	2637 8637
主要教學語言	中文	中文	中文	中文
創校年份	1952	1985	1990	1989
學制	全日	全日	全日	全日
校長	楊冬梅女士	李寶麗女士	吳玲玲女士	曾麗芬博士
收生類別	男女	男女	男女	男女
宗教	佛教	不適用	基督教	不適用
辦學團體	慈航淨院有限公司	香港青少年德育勵進會	香港路德會	世界龍岡學校(香港)有限公司
地址	沙田源昌里1號	沙田第一城得寶街8號	沙田安景街5號	沙田廣源邨
校車服務	校車	校車、保姆車	校車	校車
A一條龍中學 / B直屬中學 / C聯繫中學	沒有	沒有	沒有	沒有
教師資歷(教育文憑%、學士%、碩士及博士或以上%、特殊教育培訓%)	100%、100%、38%、64%	96%、100%、18%、48%	100%、97%、22%、66%	98%、98%、43%、43%
小一開班數目(23/24、24/25(預計))	5、5	4、4	5、5	1、1
小一學額(23/24、24/25(預計))	△	△	125、125	△
23/24年度自行收生階段報讀/甲、乙類取錄人數(平均分數)	△ / △、△(△)	△ / △、△(△)	△ / △、△(△)	△ / △、△(△)
獲派首三志願學校比率	△	83%	90.20%	△
最多學生入讀的三所中學	佛教覺光法師中學、基督書院、聖母無玷聖心書院	聖公會林裘謀中學、沙田培英中學、沙田崇真中學	聖公會曾肇添中學、沙田培英中學、沙田蘇浙公學	△

左側欄：基本資料、收生資料、22/23年度畢業生派位情況

註：(小班)以25位或以下學生為一班　△校方未有提供資料　#以教育局在2023年所批核的班級數目為準。

升小準備　統一派位　叩門必修　封面故事　專家貼士　學校資料 香港區　學校資料 九龍區　學校資料 新界區

分區	沙田區	沙田區	沙田區	沙田區
學校名稱	保良局 蕭漢森小學	保良局 朱正賢小學	沙田圍胡素貞博士 紀念學校	沙田 循道衛理小學
校網 / 學校編號	91	91	91	91
網址	www.plkshs.edu.hk	www.plkcjy.edu.hk	www.stwdcfwms.edu.hk	www.smps.edu.hk
電話	2604 1966	2646 9181	2646 8926	2636 6533
主要教學語言	中文	中文	中文	粵語、國語、英語
創校年份	1980	1985	2010	1989
學制	全日	全日	全日	全日
校長	張炳堅先生	高凱聯女士	梁文慧女士	朱敏娟女士
收生類別	男女	男女	男女	男女
宗教	不適用	不適用	不適用	基督教
辦學團體	保良局	保良局	香港青少年德育勵進會 有限公司	循道衛理聯合教會
地址	沙田穗禾苑42A地段	沙田博康邨沙角街6D	沙田乙明邨街2號	沙田廣源邨第三期
校車服務	校車	保姆車	校車	保姆車
A一條龍中學 / B直屬中學 / C聯繫中學	沒有	沒有	沒有	沒有
教師資歷 (教育文憑%、學士%、碩士及博士或以上%、特殊教育培訓%)	83%、98%、43%、35%	100%、100%、33%、47%	100%、100%、25%、18%	100%、100%、46%、27%
小一開班數目 (23/24、24/25(預計))	4、4	4、4	4、4	4、4
小一學額 (23/24、24/25(預計))	△	△	△	100、100
23/24年度自行收生階段報讀/甲、乙類取錄人數(平均分數)	△ / △、△ (△)	△ / △、△ (△)	△ / △、△ (△)	△ / △、△ (△)
獲派首三志願學校比率	90%	92%	約80%(第一志願)	93%
最多學生入讀的三所中學	沙田蘇浙公學、聖公會林裘謀中學、沙田培英中學	基督書院、天主教郭得勝中學、保良局胡忠中學	△	浸信會呂明才中學、香港九龍塘基督教中華宣道會鄭榮之中學、沙田培英中學

左側縱向標籤:基本資料 / 收生資料 / 22/23年度畢業生派位情況

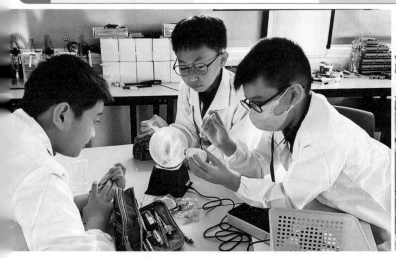

註:(小班)以 25 位或以下學生為一班　△校方未有提供資料　# 以教育局在 2023 年所批核的班級數目為準。

分區	沙田區	沙田區	沙田區	沙田區
學校名稱	沙田崇真學校	聖公會主風小學	培基小學	基督教香港信義會禾輋信義學校
校網 / 學校編號	91	91	91	91
網址	www.stts.edu.hk	www.skhhsps.edu.hk	www.pooikei.edu.hk	wcl.edu.hk
電話	3576 3344	2604 8987	2602 5353	2691 1426
主要教學語言	粵語、國語	中文	粵語、國語、英語	中文
創校年份	1975	1976	1990	1979
學制	全日	全日	全日	全日
校長	杜爾晴校長	鄭思思女士	黃清江先生	蕭偉樂先生
收生類別	男女	男女	男女	男女
宗教	基督教	基督教	基督教	基督教
辦學團體	基督教香港崇真會	聖公宗(香港)小學監理委員會有限公司	香港神託會	基督教香港信義會
地址	沙田瀝源邨	沙田瀝源邨	沙田火炭樂霞坊2號	新界沙田禾輋邨協欣街11號
校車服務	保母車	校車	校車、保姆車	保姆車
A一條龍中學 / B直屬中學 / C聯繫中學	C：馬鞍山崇真中學	沒有	C：香港神託會培基書院	沒有
教師資歷 (教育文憑%、學士%、碩士及博士或以上%、特殊教育培訓%)	100%、100%、32.6%、72.1%	94%、98%、45%、38%	100%、98%、25%、55%	100%、98%、33%、46%
小一開班數目 (23/24、24/25(預計))	4、4	4、4	4、4	4、4
小一學額 (23/24、24/25(預計))	104、100	△	120、120	△
23/24年度自行收生階段報讀/甲、乙類取錄人數(平均分數)	△ / 30、20 (17.25)	△ / △、△ (△)	△ / △、△ (△)	△ / △、△ (△)
獲派首三志願學校比率	91%	89.30%	84.62%	△
最多學生入讀的三所中學	△	聖公會曾肇添中學、聖公會林裘謀中學、沙田培英中學	沙田崇真中學、聖公會曾肇添中學、香港神託會培基書院	△

基本資料 · 收生資料 · 22/23年度畢業生派位情況

註：(小班)以25位或以下學生為一班　△校方未有提供資料　#以教育局在2023年所批核的班級數目為準。

左側邊欄：升小準備　統一派位　叩門必修　封面故事　專家貼士　學校資料 香港區　學校資料 九龍區　學校資料 新界區

分區	沙田區	沙田區	沙田區	西貢區
學校名稱	天主教聖華學校	救世軍田家炳學校	仁愛堂田家炳小學	基督教神召會梁省德小學
校網 / 學校編號	91	91	95	95
網址	www.littleflowerschool.edu.hk	www.satkp.edu.hk	www.yottkpps.edu.hk	www.lsttko.edu.hk
電話	2692 4593	2648 9283	2457 1302	2191 1929
主要教學語言	中文	中文	中文	粵語、國語、英語
創校年份	1951	1983	1999	1997
學制	全日	全日	全日	全日
校長	吳潔蘭女士	陳志斌先生	曾燕琼校長	張麗君女士
收生類別	男女	男女	男女	男女
宗教	天主教	基督教	不適用	基督教
辦學團體	天主教香港教區	救世軍	仁愛堂	竹園區神召會
地址	沙田禾輋邨禾輋街11號	沙田博康邨	將軍澳唐俊街三號	將軍澳文曲里2號
校車服務	校車、保姆車	校車	保姆車	保姆車
A一條龍中學 / B直屬中學 / C聯繫中學	沒有	沒有	沒有	沒有
教師資歷（教育文憑%、學士%、碩士及博士或以上%、特殊教育培訓%）	100%、100%、16%、38%	100%、100%、33%、44%	100%、98%、40%、17%	96%、100%、35%、59%
小一開班數目（23/24、24/25（預計））	3、3	4、4	5、5	4、4
小一學額（23/24、24/25（預計））	△	104、100	125、125	100、100
23/24年度自行收生階段報讀/甲、乙類取錄人數（平均分數）	△ / △、△（△）	△ / 30、20（20）	△ / △、△（△）	△ / △、△（△）
獲派首三志願學校比率	△	87%	96%	100%
最多學生入讀的三所中學	△	沙田蘇浙公學、沙田循道衛理中學、聖公會林漢光中學	基督教宣道會宣基中學、迦密主恩中學、景嶺書院	迦密主恩中學、宣基中學、景嶺中學

（基本資料 / 收生資料 / 22/23 年度畢業生派位情況）

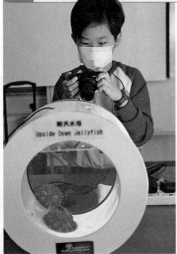

註：（小班）以 25 位或以下學生為一班　△校方未有提供資料　# 以教育局在 2023 年所批核的班級數目為準。

左側縱向標籤：升小準備 | 統一派位 | 叩門必修 | 封面故事 | 專家貼士 | 學校資料 香港區 | 學校資料 九龍區 | 學校資料 新界區

		分區	西貢區	西貢區	西貢區	西貢區
		學校名稱	佛教志蓮小學	基督教宣道會宣基小學	香海正覺蓮社佛教黃藻森學校	港澳信義會明道小學
基本資料		校網 / 學校編號	95	95	95	95
		網址	www.chilinbps.edu.hk	www.sunkei.edu.hk	www.bwcss.edu.hk	www.hkmlc-mtps.edu.hk
		電話	2246 3959	2191 6996	2623 4773	3129 4294
		主要教學語言	中文	中文	粵語、國語、英語	粵語、國語、英語
		創校年份	1999	1998	1995	1992
		學制	全日	全日	全日	全日
		校長	李敏儀女士	劉心怡女士	古美琪女士	范婉君女士
		收生類別	男女	男女	男女	男女
		宗教	佛教	基督教	佛教	基督教
		辦學團體	志蓮淨苑	基督教宣道會香港區聯會有限公司	香海正覺蓮社	港澳信義會有限公司
		地址	將軍澳唐俊街1號	將軍澳尚德邨	將軍澳景林邨寶林北路38號	將軍澳彩明苑彩明街7號
		校車服務	保姆車	校車	校車	保母車
		A一條龍中學 / B直屬中學 / C聯繫中學	沒有	沒有	A：香海正覺蓮社佛教正覺中學	C：港澳信義會慕德中學
		教師資歷（教育文憑%、學士%、碩士及博士或以上%、特殊教育培訓%）	100%、100%、24%、50%	100%、98%、29%、35%	100%、45%、55%、△	100%、98%、39%、67%
收生資料		小一開班數目（23/24、24/25（預計））	4、4	5、5	2、2	5、5
		小一學額（23/24、24/25（預計））	△	125、125	△	125、125
		23/24年度自行收生階段報讀/甲、乙類取錄人數（平均分數）	△ / △、△（△）	△ / △、△（△）	△ / △、△（△）	△ / △、△（△）
22/23年度畢業生派位情況		獲派首三志願學校比率	90%	98.90%	98%	99%
		最多學生入讀的三所中學	△	△	景嶺書院、仁濟醫院王華湘中學、香海正覺蓮社佛教正覺中學	△

註：(小班)以25位或以下學生為一班　△校方未有提供資料　#以教育局在2023年所批核的班級數目為準。

分區	西貢區	西貢區	西貢區	西貢區
學校名稱	港澳信義會小學	景林天主教小學	樂善堂劉德學校	保良局馮晴紀念小學
校網 / 學校編號	95	95	95	95
網址	www.hkmlcps.edu.hk	www.klcps.edu.hk	www.lautak.edu.hk	www.plkfcmps.edu.hk
電話	2701 9803	2703 0499	2701 3072	2706 6620
主要教學語言	粵語、國語	粵語、國語、英語	中文	中文
創校年份	1991	1990	1989	1996
學制	全日	全日	全日	全日
校長	何彥輝校長	何詠懿女士	顏源峰先生	曾維愛校長
收生類別	男女	男女	男女	男女
宗教	基督教	天主教	不適用	不適用
辦學團體	基督教港澳信義會有限公司	聖母聖心會	九龍樂善堂	保良局
地址	將軍澳集福路4號	將軍澳景林邨	將軍澳寶林邨	將軍澳培成路2號
校車服務	校車	校車	校車	校車
A一條龍中學 / B直屬中學 / C聯繫中學	C：港澳信義會慕德中學	沒有	沒有	沒有
教師資歷 (教育文憑%、學士%、碩士及博士或以上%、特殊教育培訓%)	95%、100%、17%、41%	100%、100%、19%、19%	100%、100%、40%、73%	100%、98%、29%、47%
小一開班數目 (23/24、24/25（預計）)	5、5	1、1	3、3	5、5
小一學額 (23/24、24/25（預計）)	125、125	△	△	△
23/24年度自行收生階段報讀/甲、乙類取錄人數（平均分數）	△ / △、△（△）	△ / △、△（△）	△ / △、△（△）	△ / △、△（△）
獲派首三志願學校比率	100%	96%	95%	97.80%
最多學生入讀的三所中學	基督教宣道會宣基中學、迦密主恩中學、港澳信義會慕德中學	迦密主恩中學、保良局甲子何玉清中學、基督教宣道會宣基中學	△	△

佛教黃葉森學　香海正覺蓮社

註：（小班）以 25 位或以下學生為一班　△校方未有提供資料　#以教育局在 2023 年所批核的班級數目為準。

分區	西貢區	西貢區	西貢區	西貢區
學校名稱	保良局黃永樹小學	博愛醫院陳國威小學	西貢中心李少欽紀念學校	西貢崇真天主教學校（小學部）
校網 / 學校編號	95	95	95	95
網址	www.plkwws.edu.hk	www.pohckwps.edu.hk	lsy.edu.hk	www.stcps.edu.hk
電話	2177 0050	2178 5700	2791 6681	2792 2246
主要教學語言	中文	中文	中文及英文	粵語、國語、英語
創校年份	1999	1998	1995	1924
學制	全日	全日	全日	全日
校長	陳瑞良先生	韋淑貞校長	吳楚強先生	馮家俊先生
收生類別	男女	男女	男女	男女
宗教	不適用	不適用	不適用	天主教
辦學團體	保良局	博愛醫院	西貢中心李少欽紀念學校管理委員會有限公司	天主教香港教區
地址	將軍澳唐賢街2號	將軍澳尚德邨	西貢惠民路18號	西貢普通道F座G座及附屬房舍
校車服務	校車、保姆車	校車	保姆車	保姆車
A一條龍中學 / B直屬中學 / C聯繫中學	沒有	沒有	沒有	A：西貢崇真天主教學校（中學部）
教師資歷（教育文憑%、學士%、碩士及博士或以上%、特殊教育培訓%）	100%、100%、10%、36%	88%、100%、27%、48%	100%、100%、30%、25%	97%、100%、38%、47%
小一開班數目（23/24、24/25（預計））	5、5	2、2	4、4	2、2
小一學額（23/24、24/25（預計））	△	△	△	△
23/24年度自行收生階段報讀/甲、乙類取錄人數（平均分數）	△ / △、△（△）	△ / △、△（△）	△ / △、△（△）	△ / △、△（△）
獲派首三志願學校比率	△	△	△	100%
最多學生入讀的三所中學	△	△	△	△

（基本資料 / 收生資料 / 22/23年度畢業生派位情況 为左侧行分组标签）

註：(小班)以25位或以下學生為一班　△校方未有提供資料　#以教育局在2023年所批核的班級數目為準。

分區	西貢區	西貢區	西貢區	西貢區
學校名稱	聖公會將軍澳基德小學	天主教聖安德肋小學	順德聯誼總會梁潔華小學	將軍澳天主教小學
校網 / 學校編號	95	95	95	95
網址	www.tkokt.edu.hk	www.sacps.edu.hk	www.lkw.edu.hk	www.tkocps.edu.hk
電話	2320 6066	2246 3313	2623 3628	2623 5679
主要教學語言	中文	粵語、國語、英語	粵語、國語、英語	中文
創校年份	2004	1961	1996	1990
學制	全日	全日	全日	全日
校長	梅潔玲女士	陳善科校長	尹少琴女士	馬一龍先生
收生類別	男女	男女	男女	男女
宗教	基督教	天主教	不適用	天主教
辦學團體	聖公宗（香港）小學監理委員會有限公司	天主教香港教區	順德聯誼總會	聖母聖心會
地址	將軍澳寶康路82號	將軍澳翠嶺路30號	將軍澳貿泰路2號	將軍澳唐賢街6號
校車服務	校車	校車、保姆車	校車、保姆車	校車
A一條龍中學 / B直屬中學 / C聯繫中學	沒有	沒有	沒有	沒有
教師資歷（教育文憑%、學士%、碩士及博士或以上%、特殊教育培訓%）	100%、100%、36%、46%	100%、100%、41%、38%	100%、100%、44%、33%	100%、100%、40%、46%
小一開班數目（23/24、24/25（預計））	1、1	5、5	5、5	5、5
小一學額（23/24、24/25（預計））	△	△	△	△
23/24年度自行收生階段報讀/甲、乙類取錄人數（平均分數）	△ / △、△（△）	△ / △、△（△）	△ / △、△（△）	△ / △、△（△）
獲派首三志願學校比率	95%	93.86%	100%	98%
最多學生入讀的三所中學	△	△	△	△

左側縱向標籤：基本資料 / 收生資料 / 22/23 年度畢業生派位情況

註：（小班）以 25 位或以下學生為一班　△校方未有提供資料　# 以教育局在 2023 年所批核的班級數目為準。

升小準備　統一派位　叩門必修　封面故事　專家貼士　學校資料 香港區　學校資料 九龍區　學校資料 新界區

	分區	西貢區	西貢區	西貢區	西貢區
	學校名稱	將軍澳官立小學	將軍澳循道衛理小學	東華三院 王余家潔紀念小學	仁濟醫院 陳耀星小學
基本資料	校網 / 學校編號	95	95	95	95
	網址	www.tkogps.edu.hk	www.tkomps.edu.hk	www.wyjjmps.edu.hk	www.ychcisps.edu.hk
	電話	2701 2886	2706 0770	2706 1336	2706 1932
	主要教學語言	中文	中文及英文	中文	粵語、國語、英語
	創校年份	1993	2004	1996	1996
	學制	全日	全日	全日	全日
	校長	黃鳳霞女士	林德育先生	劉秀萍女士	陳碧蘭女士
	收生類別	男女	男女	男女	男女
	宗教	不適用	基督教	不適用	不適用
	辦學團體	政府	香港循道衛理聯合教會	東華三院	仁濟醫院
	地址	將軍澳厚德邨	將軍澳唐俊街15號	將軍澳學林里8號	將軍澳第二期三十四區煜明苑
	校車服務	校車	校車	保姆車	保姆車
	A一條龍中學 / B直屬中學 / C聯繫中學	C：將軍澳官立中學、何文田官立中學、賽馬會官立中學、觀塘功樂官立中學	沒有	沒有	沒有
	教師資歷 (教育文憑%、學士%、碩士及博士或以上%、特殊教育培訓%)	100%、91%、22%、35%	100%、100%、34%、52%	98%、98%、26%、43%	91%、100%、34%、37%
收生資料	小一開班數目 (23/24、24/25(預計))	5、5	6、6	5、5	1、1
	小一學額 (23/24、24/25(預計))	△	150、150	125、125	△
	23/24年度自行收生階段報讀/甲、乙類取錄人數(平均分數)	△ / △、△(△)	450 / 75、75 (15)	△ / △、△(△)	△ / △、△(△)
22/23年度畢業生派位情況	獲派首三志願學校比率	△	99%	99%	超過90%
	最多學生入讀的三所中學	△	匯基書院(東九龍)、聖馬可中學、迦密主恩中學	△	迦密主恩中學、景嶺書院、將軍澳官立中學

註：(小班)以25位或以下學生為一班　△校方未有提供資料　#以教育局在2023年所批核的班級數目為準。

分區	西貢區	離島區	離島區	離島區
學校名稱	南丫北段公立小學	國民學校	中華基督教會長洲堂錦江小學	救世軍林拔中紀念學校

基本資料	校網 / 學校編號	96	97	97	98
	網址	www.nls.edu.hk	www.cckms.edu.hk	www.ccckamkongsch.edu.hk	www.salbcms.edu.hk
	電話	2982 0242	2981 0432	2981 0435	2109 0328
	主要教學語言	中文	中文	粵語、國語、英語	中文
	創校年份	1949	1899	1978	2001
	學制	全日	全日	全日	全日
	校長	黃安琪女士	郭婉琪女士	葉昌銳先生	馬啟能先生
	收生類別	男女	男女	男女	男女
	宗教	不適用	不適用	基督教	基督教
	辦學團體	南丫島北段鄉事委員會	國民學校法團校董會	中華基督教會長洲堂	救世軍
	地址	南丫島榕樹灣榕樹嶺1號	長洲國民路30號	長洲山頂道西1號	新界大嶼山東涌逸東街8號逸東邨
	校車服務	沒有	沒有	沒有	保姆車
	A一條龍中學 / B直屬中學 / C聯繫中學	沒有	沒有	沒有	沒有
	教師資歷 (教育文憑%、學士%、碩士及博士或以上%、特殊教育培訓%)	83%、100%、28%、39%	100%、100%、27%、42%	94%、94%、16%、58%	100%、100%、25%、36%
收生資料	小一開班數目 (23/24、24/25（預計）)	1、1	2、2	0、1	5、5
	小一學額 (23/24、24/25（預計）)	△	50、50	15、0	125、125
	23/24年度自行收生階段報讀/甲、乙類取錄人數（平均分數）	△ / △、△（△）	50 / △、△（15）	△ / △、△（△）	△ / △、△（△）
22/23年度畢業生派位情況	獲派首三志願學校比率	△	88%	△	89%
	最多學生入讀的三所中學	△	長洲官立中學、寶血女子中學、嘉諾撒聖方濟各書院/聖公會鄧肇堅中學	△	△

註：（小班）以 25 位或以下學生為一班　△校方未有提供資料　# 以教育局在 2023 年所批核的班級數目為準。

升小準備 統一派位 叩門必修 封面故事 專家貼士 香港區 學校資料 九龍區 學校資料 新界區 學校資料

分區	離島區	離島區	離島區	離島區
學校名稱	杯澳公立學校	中華基督教會大澳小學	青松侯寶垣小學	香港教育工作者聯會黃楚標學校
校網 / 學校編號	98	98	98	98
網址	www.buiosch.edu.hk	www.ccctaiops.edu.hk	www.cchpwps.edu.hk	www.hkfewwcb.edu.hk
電話	2984 1189	2985 7515	2109 0070	2109 0087
主要教學語言	粵語、國語、英語	中文	中文及英文	中文
創校年份	1952	1925	1997	2001
學制	全日	全日	全日	全日
校長	潘智輝校長	蘇志英女士	陳綺華女士	黃錦良先生
收生類別	男女	男女	男女	男女
宗教	不適用	基督教	道教	不適用
辦學團體	杯澳公立學校管理委員會	中華基督教會香港區會	青松觀有限公司	香港教育工作者聯會教育機構有限公司
地址	大嶼山貝澳羅屋村2號	大澳街市街24-26號	東涌富東邨	東涌逸東邨
校車服務	沒有	沒有	△	校車
A一條龍中學 / B直屬中學 / C聯繫中學	沒有	沒有	沒有	A：香港教育工作者聯會黃楚標中學
教師資歷(教育文憑%、學士%、碩士及博士或以上%、特殊教育培訓%)	70%、95%、55%、65%	100%、94%、36%、84%	100%、100%、37%、60%	100%、100%、34%、67%
小一開班數目(23/24、24/25(預計))	1、1	1、1	5、5	3、3
小一學額(23/24、24/25(預計))	△	△	125、125	△
23/24年度自行收生階段報讀/甲、乙類取錄人數(平均分數)	△ / △、△(△)	△ / △、△(△)	△ / △、△(△)	△ / △、△(△)
獲派首三志願學校比率	△	△	△	91%
最多學生入讀的三所中學	△	△	保良局馬錦明夫人章馥仙中學、嗇色園主辦可譽中學暨可譽小學、靈糧堂怡文中學	△

基本資料 / 收生資料 / 22/23 年度畢業生派位情況

註：(小班)以 25 位或以下學生為一班　△校方未有提供資料　#以教育局在 2023 年所批核的班級數目為準。

分區	離島區	離島區	離島區	離島區
學校名稱	嗇色園主辦可譽中學暨可譽小學	靈糧堂秀德小學	梅窩學校	寶安商會溫浩根小學
校網 / 學校編號	98	98	98	98
網址	www.hoyu.edu.hk	www.llcst.edu.hk	www.mws.edu.hk	www.pocawhk.edu.hk
電話	2109 1001	2109 4688	2984 8461	2109 0045
主要教學語言	中文	中文及英文	中文	粵語、國語、英語
創校年份	1997	2000	1939	1997
學制	全日	全日	全日	全日
校長	梁惠芳女士	王熹欣女士	林文君女士	呂錦強先生
收生類別	男女	男女	男女	男女
宗教	儒、釋、道	基督教	不適用	不適用
辦學團體	嗇色園	基督教靈糧世界佈道會香港靈糧堂堂務委員會	梅窩學校校董會	寶安商會屬校有限公司
地址	東涌健東路4-6號	東涌文東路35號	大嶼山銀礦灣涌口村	東涌富東邨第二號小學校舍
校車服務	校車	校車	沒有	保姆車
A一條龍中學/ B直屬中學 / C聯繫中學	A：嗇色園主辦可譽中學暨可譽小學	A：靈糧堂怡文中學	沒有	沒有
教師資歷（教育文憑%、學士%、碩士及博士或以上%、特殊教育培訓%）	77%、100%、38%、19%	90%、100%、34%、17%	100%、100%、28%、50%	100%、100%、34%、41%
小一開班數目（23/24、24/25（預計））	3、3	4、4	1、1	4、4
小一學額（23/24、24/25（預計））	△	△	△	△
23/24年度自行收生階段報讀/甲、乙類取錄人數（平均分數）	△ / △、△（△）	△ / △、△（△）	△ / △、△（△）	△ / △、△（△）
獲派首三志願學校比率	△	99%	△	△
最多學生入讀的三所中學	△	保良局馬錦明夫人章馥仙中學、長沙灣天主教英文中學、港青基信書院	△	△

基本資料 / 收生資料 / 22/23年度畢業生派位情況

註：（小班）以 25 位或以下學生為一班　△校方未有提供資料　#以教育局在 2023 年所批核的班級數目為準。

升小準備 統一派位 叩門必修 封面故事 專家貼士 香港區 學校資料 九龍區 學校資料 新界區 學校資料

分區	離島區	離島區	離島區	離島區
學校名稱	東涌天主教學校	聖公會偉倫小學	聖家學校	
校網 / 學校編號	98	99	99	
網址	www.tccs.edu.hk	www.skhweilun.edu.hk	www.holyfamily.edu.hk	
電話	2109 4962	2987 8608	2983 0785	
主要教學語言	中文	中文	粵語、國語、英語	
創校年份	2000	1993	1965	
學制	全日	全日	全日	
校長	陳珮珊女士	勞凱瑜女士	何麗君女士	
收生類別	男女	男女	男女	
宗教	天主教	基督教	天主教	
辦學團體	天主教香港教區	香港聖公會管業委員會	天主教香港教區	
地址	東涌逸東邨	愉景灣第十三區	新界坪洲聖家路一號	
校車服務	沒有	保姆車	沒有	
A一條龍中學 / B直屬中學 / C聯繫中學	A：東涌天主教學校（中學部）	沒有	沒有	
教師資歷（教育文憑%、學士%、碩士及博士或以上%、特殊教育培訓%）	44%、100%、32%、15%	95%、100%、28%、51%	67%、95%、33%、48%	
小一開班數目（23/24、24/25（預計））	3、5	3、3	1、1	
小一學額（23/24、24/25（預計））	125、125	△	△	
23/24年度自行收生階段報讀/甲、乙類取錄人數（平均分數）	△ / △、△（△）	△ / △、△（△）	△ / △、△（△）	
獲派首三志願學校比率	99%	98%（首兩志願）	100%	
最多學生入讀的三所中學	東涌天主教學校（中學部）、長沙灣天主教英文中學、保良局馬錦明夫人章馥仙中學	香港真光書院、聖士提反女子中學、靈糧堂怡文中學	△	

（基本資料）（收生資料）（22/23 年度畢業生派位情況）

註：(小班)以 25 位或以下學生為一班　△校方未有提供資料　#以教育局在 2023 年所批核的班級數目為準。